Jornada Colaborativa

Antonio Muniz

Jornada Colaborativa

Construindo times de alta performance com a liderança colaborativa, a inteligência coletiva e a cultura de experimentação

BRASPORT

Rio de Janeiro
2021

Editor: Sergio Martins de Oliveira
Gerente de Produção Editorial: Marina dos Anjos Martins de Oliveira
Editoração Eletrônica: Abreu's System
Capa: Jailson Barbosa
Arte final: Trama Criações

DADOS INTERNACIONAIS DE CATALOGAÇÃO NA PUBLICAÇÃO (CIP)

M966j Muniz, Antonio.
Jornada colaborativa: construindo times de alta performance com a liderança colaborativa, a inteligência coletiva e a cultura de experimentação / Antonio Muniz. – Rio de Janeiro: Brasport, 2021.
216 p. : il. ; 17 x 24 cm.

Inclui bibliografia.
ISBN 978-65-88431-31-3

1. Produtividade. 2. Eficiência. 3. Sucesso. I. Título.

CDU 65.011.4

Bibliotecária responsável: Bruna Heller – CRB 10/2348

Índice para catálogo sistemático:
1. 1. Produtividade / Eficiência / Sucesso / Etc. 65.011.4

BRASPORT Livros e Multimídia Ltda.
Rua Washington Luís, 9, sobreloja – Centro
20230-900 Rio de Janeiro-RJ
Tels. Fax: (21)2568.1415/3497.2162
e-mails: marketing@brasport.com.br
vendas@brasport.com.br
editorial@brasport.com.br
www.brasport.com.br

Prefácio

Roberto Carvalho

Em 1998 tive a honra de participar do lançamento nos EUA de um banco de dados relacional para Linux e semanas depois promovê-lo de maneira pioneira no Brasil. Nessa época, não conseguíamos determinar direito a magnitude e a força de milhares de profissionais dispostos a contribuir com as correções de código e sugestões de melhoria. Alguns clientes indagavam até mesmo se o suporte técnico iria funcionar bem assim. Naquele momento, virei um evangelista do produto movido pelo simples propósito de participar de uma grande comunidade colaborativa ao redor do mundo.

Entretanto, honra maior ainda foi conhecer a iniciativa do Antonio Muniz exatamente 20 anos depois e escrever este prefácio. Lembro-me claramente até do mês – outubro de 2018. A simplicidade do seu contato e a explicação breve de um projeto para escrever um livro com o apoio de inúmeros colaboradores e da comunidade realmente me intrigaram. Concluí na hora que aquilo era realmente transformador. Quase 20 livros com centenas de coautores e curadores retratam a grandeza dessa abordagem criativa para endereçar os temas mais pertinentes com uma velocidade impressionante. Trata-se de uma verdadeira esteira de entregas literárias contínuas *à la DevOps*.

Analogamente também ao conceito de *cloud native, o* que temos aqui é uma abordagem no desenvolvimento de conteúdo em ritmo acelerado e orientado por temas dinâmicos, o que obriga a repensar e a mudar a forma como se cria, executa e aprimora uma obra literária. E como o Muniz e os seus coautores são os precursores desse movimento, por que não os definirmos como *author native*?

O compartilhamento de experiências na construção de times de alta performance tem o caráter de promover não apenas a reflexão da importância de uma nova cultura organizacional, mas também é provocativo ao fomentar uma cultura de experimentação e desafiando as lideranças a se reinventarem. Esta obra não poderia ser mais pertinente em um momento tão delicado como o de pandemia. A sobrevivência das empresas depende de as lideranças, em todos os níveis, assim como todos os colaboradores, abraçarem e promoverem a inteligência coletiva. E você? Irá promovê-la também?

Roberto Carvalho
Vice President, Brazil & Southern Latin America at Dynatrace

Prefácio

Sérgio Martins de Oliveira

Em setembro próximo, completo 51 anos atuando no mercado editorial de livros técnicos, exercendo as mais diversas atividades: desde divulgador, nos tempos de faculdade, até galgar funções executivas nas áreas editorial e de marketing.

Participei ativamente do lançamento de inúmeras séries e coleções que tiveram grande impacto na ocasião, publicadas em convênio com grandes instituições e empresas, tais como: Núcleo de Computação Eletrônica/UFRJ; Rio Datacentro/PUC-RJ; EDUSP (Editora da Universidade de São Paulo); IBM do Brasil; Embratel e muitas e muitas outras.

Tive também a oportunidade de viver intensamente grandes lançamentos de clássicos de ciência e tecnologia, entre eles Halliday/Resnick, Física; Timoshenko, Resistência de Materiais; Tércio Pacitti, Fortran Monitor (a primeira obra sobre linguagem de computadores de nosso país). Destaco, ainda, a edição do primeiro livro de Linguagem C, de autoria de brasileiros, da turma da Módulo, uma das maiores empresas de software no Brasil.

Tendo vivido essas e tantas outras experiências editoriais maravilhosas e depois de ter lançado mais de quatro mil livros, posso dizer com toda a convicção que jamais vi algo semelhante à **Jornada Colaborativa**.

Posso garantir que não há e nem nunca houve qualquer precedente em nosso país de um programa editorial tão inovador como este, que já reuniu centenas de autores e que vem congregando profissionais das áreas de gestão e tecnologia em torno de uma filosofia inédita de incentivo ao trabalho em grupo!

Este projeto ganha dimensões magníficas tanto do ponto de vista qualitativo como quantitativo do qual a Brasport se orgulha de fazer parte, tornando realidade os livros e os e-books.

A **Jornada Colaborativa** tem sido o maior presente que veio coroar os 25 anos de existência da Brasport!

Quero aqui enaltecer o dinamismo, o carisma e a determinação do maestro deste projeto, Antonio Muniz, que, com seu ideal de gerar oportunidades e de fazer o bem, acredita que é possível transformar o mundo corporativo em um lugar melhor para trabalhar e otimizar resultados. O seu entusiasmo com a **Jornada Colaborativa** é tão grande que nem essa pandemia devastadora conseguiu interromper. Ao contrário, os eventos *on-line* são cada vez maiores e melhores.

Grandiosa também é a participação cada vez mais crescente das empresas em apoiar essa onda de conhecimento e de trabalho em equipe.

Avante, galera! Vocês são demais! Rumo ao Guinness!

Sergio Martins de Oliveira
Editor e Diretor Executivo
Brasport Livros e Multimídia

Apresentação da Jornada Colaborativa

Antonio Muniz

Você não sabe o quanto eu caminhei para chegar até aqui
– Tony Garrido

Sempre acreditei que todos podem ensinar e aprender, principalmente nesse mundo tão complexo, em que o guru que sabe tudo está perdendo cada vez mais o espaço quando trabalha sozinho e se acha melhor que os outros...

A essência da colaboração depende de pessoas que pensam diferente e vibram com o sucesso do coleguinha... mesmo quem está iniciando em qualquer atividade pode contribuir para somar com sua opinião e enriquecer as alternativas. A inclusão de novos pontos de vista contribui para gerar inovações que atendam e superem as expectativas de clientes cada vez mais exigentes.

Esse é o nosso espírito na **Jornada Colaborativa**! Criamos livros usando a inteligência coletiva, somada à curadoria e à revisão profissional da Editora Brasport, que possui 25 anos de experiência, com grande reconhecimento no mercado editorial brasileiro pela qualidade dos seus lançamentos.

O trabalho voluntário com propósito transformador da Jornada Colaborativa atrai pessoas incríveis e aumenta nosso repertório com feras apaixonadas em compartilhar experiências relevantes.

Após participar ativamente da escrita de capítulos dos nossos primeiros livros entre 2018 e 2019, decidi me dedicar à mentoria dos líderes e do time organizador para a escalada dos novos livros em 2020. Com essa decisão, consegui também priorizar estratégias e ações com novos times para a **Jornada Summit**, **Jornada Learning**, **JornadaCast**, **Jornada Talks**, **Jornada Jobs** e **Jornada do Bem**.

Porém, confesso que estava começando a sentir falta de escrever também meus capítulos... sentindo falta das conversas diretas com os coautores... sentindo falta até da adrenalina dos lembretes para quem não entregava no prazo... hehehe.

Além disso, meu novo sonho era construir um livro contando a história da Jornada para que os novos integrantes conhecessem nossa essência colaborativa de jogar junto, principalmente quando passamos a marca de mil coautores considerando todos os livros já escritos e em andamento. Minha intuição também dizia que nossas experiências poderiam ser bastante úteis para potencializar essa cultura nas organizações que tanto precisam de **colaborAÇÃO**.

Também queria muito reconhecer publicamente as centenas de pessoas amigas que se destacaram na liderança e organização dos primeiros livros e eventos, ajudando a concretizar a doação de R$ 137 mil para quase 20 instituições em menos de dois anos de vida.

Muita gente me pergunta como funciona essa ideia maluca de livros colaborativos, e isso fortalece ainda mais minha motivação para contribuir com a comunidade, compartilhando esse conteúdo de forma mais estruturada. Somando-se à ideia que ficava martelando na minha cabeça, a Carla Krieger e a Bárbara Cabral comentaram, em dias alternados, que a experiência da Jornada já merecia ser contada em um livro. Pronto, tive a certeza de que já estava na hora de iniciar mais um livro super especial.

Minha empolgação para iniciar este novo livro chegou ao ponto máximo em janeiro de 2021, quando aproveitei uma parte dos 30 dias de férias, algo super raro em minha carreira, para rascunhar a estrutura inicial dos capítulos. Como sonhei e vivenciei intensamente cada momento da Jornada Colaborativa, as ideias vieram facilmente na minha cabeça e quando percebi o quanto estava animado, já tinha terminado a escrita de cinco capítulos em poucos dias.

Como estabeleci previamente toda a estrutura dos capítulos, decidi aproveitar este livro para iniciar nosso décimo experimento e enriquecer nossos aprendizados. Dessa vez, seguimos com a escrita individual dos capítulos de minha autoria e também com os capítulos das pessoas amigas que convidei para construírem conteúdos inspiradores. Agradecimento especial para três pessoas que me deram *feedback* do conteúdo geral: Bárbara Cabral, Carla Krieger e Júnior Rodrigues.

Este livro é indicado para todas as pessoas que desejam aumentar seu repertório com experiências colaborativas. Temos quatro objetivos principais:

1. Multiplicar atitudes e comportamentos que valorizamos na Jornada Colaborativa.
2. Formar líderes para iniciar novos livros com a nossa essência colaborativa.
3. Passar adiante essa riquíssima experiência para ser adaptada também às variadas empresas, que dependem cada vez mais da colaboração para alcançar resultados inovadores e superar as expectativas de clientes cada vez mais exigentes.
4. Atrair novos colaboradores para transformar mais vidas com novos livros e eventos para aumentar nossa doação para instituições carentes.

Na Parte I, apresento um resumo dos resultados de 10 hipóteses e seus respectivos experimentos, falhas e aprendizados com a liderança colaborativa e os times autogerenciáveis.

Na Parte II, apresento o histórico dos nossos experimentos desde o primeiro livro, "Jornada DevOps", até a escalada com mais de 20 livros em paralelo. Consulte essa parte também para conhecer o nosso processo de escrita colaborativa com oito passos para engajar o time e destravar a criatividade das pessoas.

Na Parte III, apresento as características da liderança colaborativa e destaco as atitudes e os comportamentos dos times de alta performance.

Na Parte IV, escolhi líderes, organizadores e voluntários que admiro para escrever suas experiências com as atitudes que desejamos multiplicar na Jornada e que potencializam o trabalho em equipe para resultados inovadores nas organizações. Cada uma dessas pessoas especiais escreveu de forma individual o seu capítulo com total liberdade para explicar como aplicou o comportamento escolhido em sua carreira e na Jornada, visando inspirar nossos leitores a adaptar essas experiências em suas vidas pessoais e profissionais. O resultado ficou incrível!

As experiências deste livro representam a construção coletiva de centenas de pessoas amigas que se engajaram em um propósito comum. Agradeço a todos os coautores, líderes e organizadores que contribuíram para concretizar a escrita dos livros e a realização de eventos que transformaram milhares de vidas.

Antecipando um dos resultados do nosso décimo experimento com este livro, que será apresentado na Parte I, comprovamos que a mobilização de pessoas com repertórios complementares torna possível a criação de times de alta performance quando a liderança cria um ambiente de confiança mútua. Em outras palavras, se a liderança não atrapalhar o time com microgerenciamento ou desconfiança, ela já está ajudando muito. Agora, quando a liderança acredita de verdade na visão que deseja compartilhar e inspira genuinamente as pessoas, os resultados são inacreditáveis.

Tenho convicção de que esse conteúdo contribuirá fortemente para a sua jornada colaborativa e espero que aproveite cada experiência para praticar com seu time!

Sumário

PARTE I. HIPÓTESES, EXPERIMENTOS, FALHAS E APRENDIZADOS COM A LIDERANÇA COLABORATIVA

Introdução ... **3**
Hipótese 1. Pessoas desconhecidas aceitariam escrever um livro colaborativo? 6
Experimento ... 6
Resultados ... 6
Hipótese 2. Seria possível escrever o livro aplicando práticas ágeis e *DevOps*? 7
Experimento ... 7
Resultados ... 7
Hipótese 3. Seria possível unir o time para evento de lançamento do primeiro livro? ... 8
Experimento ... 8
Resultados ... 8
Hipótese 4. Como obter *feedback* imediato dos capítulos e definir um método para democratizar e enriquecer ainda mais a escrita de novos livros? ... 8
Experimento ... 8
Resultados ... 8
Hipótese 5. Será possível escalar a escrita com vários times simultaneamente e acelerar a entrega de valor com experiências brasileiras mantendo a alta qualidade? ... 9
Experimento ... 9
Resultados ... 9
Hipótese 6. Escalada dos livros com times autônomos e diversificados gera mais benefícios com riqueza no conteúdo ou mais conflitos generalizados? 11
Experimento ... 11
Resultados ... 11
Hipótese 7. A autonomia ajuda a desenvolver *soft skills* e atitudes de liderança nos times? ... 12
Experimento ... 12
Resultados ... 12
Hipótese 8. Presidentes e executivos aceitariam participar da Jornada Summit? ... 13
Experimento ... 13

Resultados 13
Hipótese 9. Presidentes e executivos aceitariam dar *feedback* sobre o conteúdo do livro antes do lançamento para sugerir melhorias? 14
Experimento 14
Resultados 14
Hipótese 10. É possível medir a diferença no resultado de um time com sinergia e sólida vivência em uma prática que já domina? 14
Experimento 14
Resultados 14

PARTE II. HISTÓRICO DOS EXPERIMENTOS ANTES DE ESCALAR

1. Iniciando o sonho solitário com o *best-seller* "Jornada DevOps" 19

2. O *click* com a ideia colaborativa 21

3. O *click* do segundo livro: "Jornada Ágil e Digital" 24

4. O *click* do terceiro livro 26

5. O *click* da Jornada Summit presencial e *on-line* 27

6. O *click* para a escalada dos times 30

7. O processo colaborativo de escrita 33

Papéis na escrita colaborativa 35
Orientações na reunião dos coautores e dicas para a escrita 36

8. Os sete pilares da Jornada Colaborativa e benefícios aos participantes 37

PARTE III. LIDERANÇA COLABORATIVA

9. A liderança colaborativa do time organizador 43

10. A liderança colaborativa depende de times colaborativos 45

PARTE IV. ATITUDES DE TIMES COLABORATIVOS NA PRÁTICA

11. Colaboração 57

Princípios da colaboração 59
Summit on-line 2020 61
Referência 64

12. **Humildade** ... 65
Referências ... 67

13. **Liderança** ... 68

14. **Inspiração** ... 70

15. **Sinergia** ... 73

16. **Otimismo** ... 75
Referências ... 78

17. **Resiliência** ... 79
Resiliência na vida ... 80
Resiliência na Jornada Colaborativa: eu e a Jornada ... 81
Resiliência: #FicamAsDicas ... 82
Referências ... 82

18. **Serenidade** ... 83
Primeiro passo: desenvolva coisas por você, como amor-próprio, respeito e o que mais precisar ... 83
Segundo passo: se conheça e se liberte ... 84
Terceiro passo: perdoe – não só o próximo, mas você também ... 84
Quarto passo: pare de encontrar culpados. Quer mudar? Mude ... 85
Quinto passo: experimente a empatia e esteja aberto ... 86
Sexto passo: seja adaptável e autêntico ... 86

19. **Credibilidade** ... 88
Paixão *versus* oportunidade ... 89
Habilidade de dizer NÃO ... 89
Comprometimento alto ... 90
Vamos para uma parte prática ... 90
  Treine a escuta ativa ... 90
  Esteja no aqui e no agora ... 91
  Tenha empatia ... 91
  Egoísmo ou amor-próprio ... 92
Conclusão ... 93

20. **Coragem** ... 94

21. **Comprometimento** ... 97

22. **Escuta ativa** ... 101
Exercite o *backtracking* ... 103
Aplique a regra do "julgamento zero" ... 103
Demonstre presença e interesse ... 104

23. Maestria **105**

24. Gratidão **108**
Referência 110

25. Dignidade **111**
Respeito por todos 111
Comunicação 112
Inteligência emocional 112
Flexibilidade 113
Referências 114

26. Confiança **115**
Referência 117

27. Vitalidade **118**
Como tudo começou 118
O que é vitalidade? 119
A prática realmente faz o monge? 120
Como ativar a vitalidade no seu dia a dia? 122
Referências 123

28. Foco **124**
Uma vida mais leve e focada 127
Organizar e planejar 127
Executar o planejado 128
Cuide de você 129
Referências 129

29. Adaptabilidade **130**
Minha história na Jornada Colaborativa 131
Coautor aprendiz 131
Curadoria do livro 132
Organizador líder 133
Dicas sobre adaptabilidade 133
Referência 134

30. Bondade **135**

31. Cordialidade **137**
Referências 139

32. Dinamismo **140**

33. Generosidade **142**

34. Diversão 145

35. Sabedoria 146

36. Evolução 148

37. Assertividade 150

38. Determinação 152

39. Autoconfiança 154

40. Atitude 156

41. Curiosidade 158

42. Franqueza 160

43. Visão 162

44. Parceria 165

45. Sagacidade 168

46. Inovação 171

47. Amabilidade 174

48. Superação 176

49. Alegria 178

50. Paixão 180

51. Comunicação 182

52. Empolgação 185

Sobre os Autores 187

PARTE I. HIPÓTESES, EXPERIMENTOS, FALHAS E APRENDIZADOS COM A LIDERANÇA COLABORATIVA

Introdução

Antonio Muniz

> *Não é o crítico que importa, nem aquele que mostra como o homem forte tropeça, ou onde o realizador das proezas poderia ter feito melhor. Todo o crédito pertence ao homem que está de fato na arena; cuja face está arruinada pela poeira e pelo suor e pelo sangue; aquele que luta com valentia; aquele que erra e tenta de novo e de novo; aquele que conhece o grande entusiasmo, a grande devoção e se consome em uma causa justa; aquele que ao menos conhece, ao fim, o triunfo de sua realização, e aquele que na pior das hipóteses, se falhar, ao menos falhará agindo excepcionalmente, de modo que seu lugar não seja nunca junto àquelas almas frias e tímidas que não conhecem nem vitória nem derrota. – Frase de Theodore Roosevelt, que é citada pela Brené Brown em seu livro "A coragem de ser imperfeito".*

Como realizar a transição da carreira baseada em métodos tradicionais, com foco no comando e controle, para a essência da agilidade, com adaptabilidade, experimentação e liderança colaborativa?

Pense por um momento nos professores e líderes que marcaram positivamente sua trajetória. Tenho convicção de que vieram imagens de momentos prazerosos e experiências que você lembra mesmo que tenham passado vários anos. Acredito que a paixão por compartilhar é uma das características mais marcantes dessas pessoas incríveis que têm o poder de transformar vidas através do conhecimento e das histórias que nos inspiram.

Após alguns anos trabalhando com tecnologia, a minha jornada como líder foi iniciada no modelo tradicional, quando tinha 23 anos e não me sentia preparado para assumir essa responsabilidade tão importante para o time. Após algumas experiências malsucedidas ao lidar com os conflitos mais sérios, que surgiram nos primeiros anos com as pessoas que tinham dificuldade de trabalhar colaborativamente, comecei a gostar da parte da liderança que tinha como foco a capacitação do meu time com novas tecnologias, orientações comportamentais e construção coletiva das metas.

Junto com as certificações em tecnologia, projetos, serviços e processos, decidi aprofundar aprendizados na área de gestão e aumentei bastante meu repertório com o MBA em telecomunicações na FGV e com o mestrado em Administração no Ibmec. Em paralelo ao trabalho nas empresas, fiquei apaixonado também pelas aulas em diversas instituições universitárias, onde comecei em 2001 lecionando administração de redes e sistemas operacionais na graduação de desenvolvimento de software e tecnologia da informação.

Parecia que minha carreira estava no caminho certo. Porém, nunca existe um plano perfeito... o mundo estava mudando em uma velocidade cada vez maior e ficando exponencialmente imprevisível.

Entre 2006 e 2016, durante minhas aulas na graduação, MBA e preparatório para concurso, ensinando métodos mais tradicionais como Gestão de Serviços com ITIL®, Governança de TI com Cobit®, Gestão de Projetos com *PMBOK Guide*® e Gestão de Processos com BPM, muitos alunos apaixonados por *Scrum* e agilidade gostavam de brincar dizendo que grande parte desse conteúdo estava ficando ultrapassado.

Refleti em vários momentos que a abordagem ágil tinha total sentido e comecei a estudar por conta própria esses princípios, mas três marcos foram importantes para iniciar minha transição de carreira para a cultura de experimentação, liderança colaborativa e adaptabilidade:

1. Palestras e encontros com o Cristiano Barbieri, CIO da SulAmérica, destacando que deveríamos investir ainda mais em práticas de experimentação e agilidade, visando nos adaptar ao mundo cada vez mais complexo e acelerado.
2. Oportunidade de participar da iniciativa *Lean IT* na SulAmérica, liderada por Luciana Gomes e Umberto Reis, onde aplicamos algumas práticas ágeis e *DevOps* para repensar nossos processos, serviços e produtos.
3. Experimentos com a escrita do livro "Jornada DevOps" e a ideia da Jornada Colaborativa.

Muitas pessoas me perguntam como é possível obter sucesso com tantas iniciativas voluntárias na Jornada Colaborativa, conciliando intensas atividades profissionais e atenção à família com dois filhos pequenos.

A minha resposta é sempre a mesma: a Jornada Colaborativa é minha diversão para distrair a cabeça, como um *hobby* para aprendizado contínuo com grandes amizades – e claro que não faço nada sozinho. Muito pelo contrário, temos muitas pessoas apaixonadas que dividem as responsabilidades para transformar cada vez mais vidas com o poder da colaboração e da inteligência coletiva. Reforçando a importância que cada uma das centenas de pessoas voluntárias tem para o sucesso das nossas iniciativas na Jornada, a comunicação frequente e aberta é um dos termômetros que ajuda a verificar o quanto vamos criando, naturalmente, laços de confiança, afinidade e amizade.

Se você tem um *hobby*, pense: quantas vezes passou horas ou dias se aperfeiçoando para fazer cada vez melhor e aproveitar todos os momentos?

Quando tivemos a primeira experiência de lançar o livro "Jornada DevOps" em 2019 e doar toda a receita para a Aliança dos Cegos, reduzi minhas aulas nos *workshops* e cursos de MBA em que lecionava para ter mais tempo e priorizar as iniciativas da Jornada. Além de várias noites e finais de semana dedicado a viver essa intensa paixão com os livros e eventos, sempre gostei de acordar cedo e reservava também alguns minutos matinais para acompanhar as mensagens de quase 200 grupos destinados à Jornada Colaborativa no WhatsApp e também para responder mensagens em nossa conta no LinkedIn.

Por falar no WhatsApp, você já parou para pensar que a pessoa com mais grupos em comum contigo pode ser também a que tem mais afinidade para iniciativas conjuntas?

A Tatiana Escovedo brincou, em uma das nossas reuniões, que participava de um caminhão de grupos comigo no WhatsApp, e fiquei pensando o quanto esse aplicativo ajudou a comunicação com o time, mesmo que tenhamos usado também várias outras ferramentas, como Google Drive, Hangout, Slack, Teams, Trello, Jira, Remo, Whereby, Miro, etc.

Fiquei curioso em fazer um *ranking* das 10 pessoas com mais grupos em comum e coincidiu com quem mais havia participado das iniciativas desde o início ou "chegou chegando" na Jornada, expressão que comecei a usar com o Júnior Rodrigues para reconhecer o quanto ele somou ao nosso time com sua paixão por compartilhar e transformar vidas.

A lista a seguir foi tirada do WhatsApp no dia 14 de fevereiro de 2021, quando estava na reta final para fechar o livro para a editora. Ela costuma variar quando os voluntários atuais têm imprevistos que impedem uma participação mais ativa nas novas iniciativas e/ou descobrimos novos talentos para somar ao time:

- ✓ Bárbara Cabral = 107 grupos em comum
- ✓ Analia Irigoyen = 87 grupos em comum
- ✓ Carol Vilas Boas = 54 grupos em comum
- ✓ Junior Rodrigues = 47 grupos em comum
- ✓ Victor Gonçalves = 36 grupos em comum
- ✓ Joana Carrasco = 34 grupos em comum
- ✓ Carla Krieger = 32 grupos em comum
- ✓ Débora Zapata = 30 grupos em comum
- ✓ Rodolfo Colares = 29 grupos em comum
- ✓ Juliana Barros = 26 grupos em comum

Como a entrada de novos voluntários na Jornada é bastante democrática, essa lista mostra que existem oportunidades para todos participarem de várias iniciativas, mesmo para quem chegou recentemente. Por exemplo, a Juliana e a Débora entraram nos últimos meses e assumiram importantes responsabilidades para contribuir com as outras pessoas que estão desde o início em nossa comunidade e têm se destacado incrivelmente.

Apresentarei a seguir os principais aprendizados da Jornada Colaborativa em dois anos de vida e como essa iniciativa transforma nossas vidas com a inteligência coletiva e a colaboração.

Hipótese 1. Pessoas desconhecidas aceitariam escrever um livro colaborativo?

Experimento

Convite para o primeiro livro "Jornada DevOps" via LinkedIn e nas palestras que fiz em grandes eventos e *meetups*.

Resultados

1. Os primeiros convites foram realizados no final da palestra que fiz na PUC-Minas em 2018. Fiquei bastante empolgado com a receptividade da galera em BH.

2. Iniciando minha atuação como *headhunter* de coautores da Jornada, avaliei quase 400 perfis de pessoas no LinkedIn que tinham aderência aos capítulos do livro e convidei mais de 100 pessoas. Enquanto algumas não retornaram minhas mensagens, outras se engajaram de imediato e se tornaram grandes amigas, como a Analia e a Bárbara.
3. A confiança de alguns times gerou laços para novas iniciativas colaborativas.
4. Após o lançamento nos primeiros eventos em 2019, muitas pessoas começaram a me procurar para participar dos novos livros.

Hipótese 2. Seria possível escrever o livro aplicando práticas ágeis e *DevOps*?

Experimento

Confiamos cada capítulo do livro "Jornada DevOps" para uma pessoa liderar as ações com seus times praticando autonomia e colaboração.

Resultados

1. Metade dos capítulos foi entregue dentro do prazo estabelecido e com a qualidade combinada.
2. Dois líderes de capítulos deixaram de entregar o conteúdo e não retornaram o contato do time responsável pela unificação dos conteúdos.
3. Tivemos pessoas que faziam parte do time em um capítulo e que assumiram a liderança com maestria em outros capítulos.
4. A estratégia de deixar os arquivos separados por capítulos gerou grande trabalho para manter a qualidade do livro na revisão final.
5. Foi necessário criar uma força-tarefa com quatro pessoas para trabalhar durante todo o carnaval de 2019 para finalizar os capítulos pendentes e revisar todo o livro antes de encaminhar para a editora. Não canso de agradecer a grande dedicação da Analia Irigoyen, Bárbara Cabral, Rodrigo Moutinho e Fernanda Reis.

Hipótese 3. Seria possível unir o time para evento de lançamento do primeiro livro?

Experimento

Convite para empresas patrocinarem evento beneficente com palestras dos coautores compartilhando experiências sobre *DevOps*, agilidade e liderança.

Resultados

1. Tivemos mais de 20 empresas e comunidades que apoiaram o evento, com quase 400 participantes.
2. Nem todos os coautores conseguiram se engajar na divulgação e participação no evento.
3. Doamos R$ 12 mil para a Aliança dos Cegos.
4. Coautores vieram de Florianópolis, São Paulo, Belo Horizonte e Rio de Janeiro.
5. Amadureceu nesse dia a ideia da comunidade Jornada Colaborativa. Comecei a avaliar com as pessoas mais próximas se teriam disponibilidade para se dedicar mais intensamente e concretizar mais esse sonho.

Hipótese 4. Como obter *feedback* imediato dos capítulos e definir um método para democratizar e enriquecer ainda mais a escrita de novos livros?

Experimento

Adotamos no livro "Jornada Ágil do Produto" os papéis de escritor líder, escritor aprendiz, escritor *case* e escritor *backup*.

Resultados

1. A adoção do papel de escritor aprendiz foi bastante satisfatória para *feedback* imediato ao escritor líder, visando antecipar ajustes do time da curadoria e gerar aprendizados contínuos para todas as partes envolvidas no livro.
2. Consulte a Parte II para conhecer os detalhes do método de escrita colaborativa com os papéis de organização, curadoria e escritores líderes, aprendizes, *cases* e *backup*.

Hipótese 5. Será possível escalar a escrita com vários times simultaneamente e acelerar a entrega de valor com experiências brasileiras mantendo a alta qualidade?

Experimento

Convite para coautores mais experientes assumirem a liderança do time organizador e a curadoria do livro.

Resultados

1. O início do nosso quarto livro, "Jornada Ágil do Produto", gerou grande esforço para construir o time. Convidei mais de 300 pessoas via LinkedIn. O grupo de coautores no WhatsApp ficou com quase 150 pessoas e 69 coautores chegaram até o final do livro.
2. Com a experiência positiva da Analia assumindo a liderança do livro "Jornada Ágil do Produto", decidi que tinha chegado a hora de iniciar a escalada da escrita, com 10 times em paralelo.
3. Descobrimos novos talentos para a organização dos livros e para a liderança do time. Além de Analia, Bárbara, Carol e Moutinho, que já tinham minha total confiança para liderar livros, teve gente amiga que "chegou chegando" na Jornada para enriquecer ainda mais nosso processo de escrita colaborativa e liderar as primeiras escaladas. Os primeiros deles foram: Júnior Rodrigues, Carla Krieger, Luiz Mandarino, André Guilhon, Joana Carrasco e Victor Gonçalves.
4. Muitas pessoas novas entraram nos times através dos convites dos organizadores e tivemos o recorde de 86 coautores no livro "Jornada Ágil da Liderança". Este livro foi liderado com maestria pelo Victor Gonçalves, e a nossa sinergia com o time organizador, com Carol, Gean e Junior, trouxe inovações interessantes, como vídeos complementares, Manifesto Ágil de Liderança e entrevista com executivos.
5. Outro marco importante foi o lançamento do livro "Jornada do Ágil Escalado", que teve a impecável liderança do Júnior Rodrigues mobilizando um time de feras. Superamos todas as expectativas com antecipação de prazo, alta qualidade e recorde de 1.400 exemplares comprados na Jornada Globo Day.
6. A Brasport abraçou a ideia da escrita colaborativa com a curadoria profissional e concluímos 12 livros em menos de dois anos.
7. Centenas de pessoas tiveram a oportunidade de concretizar o sonho de escrever um livro pela primeira vez e criamos laços fortes de amizade nos times.

8. Sofri algumas vezes com comentários de pessoas desconhecidas, e até de coautores que tinham participado dos três primeiros lançamentos, criticando a ideia de escalar os livros, pois seria impossível manter a qualidade com tantos times em paralelo. Apesar da tristeza inicial, sinto que essa situação me deu força para selecionar com mais critério o time organizador e deixar mais claro que sua função primordial é garantir a qualidade na escrita e na revisão final na conexão dos capítulos.
9. Muitas pessoas entram nos times por curiosidade, e já tivemos livros com quase 200 pessoas no grupo de coautores do WhatsApp. Em média, a metade das pessoas se compromete até o final dos livros. A liderança do livro e o time organizador têm importante papel no engajamento dos coautores.
10. Aprendi a controlar melhor minha ansiedade com a demora ou falta de resposta às mensagens que passava no WhatsApp para saber o status dos livros. Muitas pessoas tiveram grandes imprevistos com a pandemia, mas também tivemos vários casos de desistência em que uma simples mensagem ou ligação evitaria grandes ruídos de comunicação. Para os novos livros, estamos deixando mais claro o comprometimento que esperamos de cada pessoa para mitigar essas situações, pois sempre falo para o time organizador que estamos lidando com sonhos de pessoas que se dedicaram para escrever seus capítulos e ficam super ansiosas para ter o livro em suas mãos.
11. Errei na abordagem com algumas pessoas que não estavam com os comportamentos colaborativos que valorizamos na Jornada. Ficou confirmado que a inteligência emocional é fundamental para o time organizador e para o líder do livro. Aprendi que quando minha empolgação, às vezes exagerada espontaneamente sem eu perceber, não está alinhada ao propósito da outra pessoa, as coisas não funcionam bem e grandes conflitos podem ser gerados.
12. Aprendi que algumas pessoas não estão preparadas para trabalhar com total autonomia e precisam de ajuda para fazer essa transição em sua carreira. Em muitos casos, sinto que eu poderia ter explicado melhor o que esperava de cada um e evitado problemas. Por outro lado, tivemos pessoas que superaram todas as expectativas com alto grau de autonomia, maestria e comprometimento com os livros e eventos.

Hipótese 6. Escalada dos livros com times autônomos e diversificados gera mais benefícios com riqueza no conteúdo ou mais conflitos generalizados?

Experimento

Escolha de uma pessoa com experiência em agilidade para assumir a liderança do time organizador de cada livro que escalamos.

Resultados

1. Após o lançamento dos três primeiros livros em 2019, conseguimos entregar à editora mais 12 livros com times paralelos, mantendo a alta qualidade e o conteúdo de valor para nossos leitores.
2. Tivemos dificuldades para finalizar alguns livros por motivos diversificados, desde o impacto da pandemia do coronavírus nos times em 2020 até a desistência de alguns coautores e organizadores por motivos variados.
3. Enquanto a grande maioria das pessoas se destacou na liderança e na organização dos livros paralelos, uma pequena parcela teve conflitos interpessoais ou opiniões diferentes sobre o processo de escrita ou revisão da curadoria e preferiu seguir outros caminhos.
4. Desanimei em alguns momentos com comentários um pouco mais pesados de pessoas que não acreditavam na possibilidade de manter a qualidade dos livros com o processo de escalada, mas com o tempo essa situação me deixou mais atento para selecionar pessoas com maior senioridade e comprometimento para a curadoria.
5. Da mesma forma como ocorre nas empresas e em nossa vida pessoal, a comunicação foi nosso maior desafio para engajar os times e não gerar ruídos desnecessários. Aprendemos que a mesma mensagem que pode incentivar uma pessoa pode também alimentar um desconforto em outras pessoas.
6. Todos os times tiveram algum tipo de conflito. A inteligência emocional torna-se fundamental para o time organizador, visando conciliar os diversos pontos de vista dos coautores, considerando que sempre juntamos pessoas com pensamentos e perfis tão diversificados.
7. A escolha dos líderes e do time organizador mostrou-se uma importante decisão. A reunião que batizei de "antimortem" está ajudando a combinar o jogo previamente e conhecer melhor o perfil de cada pessoa antes de iniciar os novos livros.

8. Com a chegada de novos organizadores para os livros, passei a me dedicar à mentoria dos novos líderes e às decisões estratégicas para transformarmos mais vidas, como a negociação de patrocínios, novos livros, eventos de lançamento, etc.

Hipótese 7. A autonomia ajuda a desenvolver *soft skills* e atitudes de liderança nos times?

Experimento

Divulgamos várias iniciativas nos grupos dos coautores para que todos tivessem a oportunidade de assumir maior protagonismo na Jornada.

Resultados

1. Em todas as reuniões que fazemos para iniciar um novo livro, informamos que a Jornada é mais do que a escrita de livros, visando somar novos talentos ao time organizador da Jornada Summit, JornadaCast, Jornada Learning, Jornada Talks e Jornada do Bem.
2. Como exemplo, em uma dessas mensagens, conheci duas pessoas incríveis que se voluntariaram para assumir com maestria o papel de "anjo dos palestrantes" em 13 sábados consecutivos da Jornada Summit em 2020: Juliana Barros e Marcos Rodrigues.
3. Assim como acontece nas empresas, também tivemos grandes desafios ao dosar a autonomia de acordo com o perfil e a competência do time. Em alguns momentos, as discussões se tornaram desalinhadas com nosso propósito colaborativo e tive que assumir decisões que desagradaram algumas pessoas, mas entendo que esse é o ônus quando assumimos a liderança das iniciativas que crescem rapidamente.
4. Recebi inúmeros depoimentos de pessoas que desenvolveram, na prática, diversas habilidades interpessoais como escuta ativa, solução de conflitos, colaboração, liderança, etc., etc., etc.
5. Minhas habilidades interpessoais também evoluem continuamente com a participação em cada time e sinto que algumas interações e decisões que tomei no passado teriam melhores resultados com as experiências que tenho atualmente.
6. Aprendi que quando elogio com muita empolgação as pessoas que se destacam em nossas iniciativas com a intenção de reconhecimento, isso pode gerar

incômodo em quem se sente injustiçado por variados motivos. Os melhores resultados ocorrem quando as pessoas conversam na boa com os líderes das iniciativas para ficar mais clara sua insatisfação.

7. Recebi *feedback* de algumas pessoas que se sentiram injustiçadas quando ficaram fora da lista dos 50 voluntários que receberam um lindo *kit* com caneca, livros e camisa como reconhecimento pelo prêmio "Destaque da Jornada 2020". Essa escolha foi realizada com a colaboração dos líderes de cada *squad* para comemorar um 2020 em que fizemos coisas incríveis. Estamos repensando como melhorar essa comunicação nas próximas oportunidades.
8. Ficou explicitado que a habilidade interpessoal deve ser uma prática a ser aprimorada continuamente e não há perfeição, principalmente quando o assunto é resolver conflitos entre pessoas que pensam totalmente diferente. Observamos dificuldades de relacionamento até mesmo entre pessoas bem conhecidas que exercem atividades profissionais como facilitadores experientes, *Agile Coaches* e *Scrum Masters*.

Hipótese 8. Presidentes e executivos aceitariam participar da Jornada Summit?

Experimento

Convite via LinkedIn para presidentes e executivos participarem do nosso evento beneficente.

Resultados

1. Após passar dois finais de semana encaminhando mais de 400 mensagens via LinkedIn, tivemos 25 presidentes e mais de 50 executivos que aceitaram o convite para palestrar na Jornada Summit em 2020.
2. Vários palestrantes executivos aceitaram também o convite para gravar episódios em nosso *podcast* JornadaCast e escrever o prefácio de novos livros.
3. Doamos R$ 100 mil para 12 instituições com 13 sábados consecutivos e 3.500 participantes.
4. Ter ousadia é importante em alguns momentos (melhor pedir perdão do que permissão).

Hipótese 9. Presidentes e executivos aceitariam dar *feedback* sobre o conteúdo do livro antes do lançamento para sugerir melhorias?

Experimento

Convidamos presidentes e executivos para ler antecipadamente o livro "Jornada Business Agility" e outorgar o Manifesto de Liderança Ágil.

Resultados

1. Após conversar com a Carla Krieger na reta final para entregar o livro "Business Agility" para a editora, entendemos que seria ótimo enriquecer ainda mais o conteúdo com uma nova visão de pessoas com experiências *C-Level* e tivemos a participação de 16 executivos contribuindo na revisão com olhar mais estratégico. Além da revisão, tivemos executivos que generosamente escreveram novos capítulos e *cases* para o livro.
2. Nossa sinergia no time organizador do livro "Jornada Ágil de Liderança" gerou grandes inovações, incluindo a participação de executivos outorgando nosso Manifesto. O fera Victor Gonçalves trouxe grandes novidades para a Jornada e tenho profunda admiração pelas suas ideias e seu poder de execução.

Hipótese 10. É possível medir a diferença no resultado de um time com sinergia e sólida vivência em uma prática que já domina?

Experimento

O convite para escrever este livro foi encaminhado, via mensagem no WhatsApp, para pessoas amigas que já tinham se destacado em outros livros e eventos com orientações específicas e prazo de entrega super ousado de 10 dias.

Resultados

1. Após escrever os primeiros capítulos, selecionei as pessoas que se destacaram na liderança e organização dos primeiros livros para participar com um capí-

tulo sobre a atitude que valorizamos na Jornada Colaborativa e que observei em nosso convívio durante as diversas iniciativas, além da escrita dos livros.

2. Passei a mensagem com a mesma orientação para todos os convidados: "o objetivo do livro é orientar novos coautores e inspirar nossos leitores com exemplos da atitude colaborativa pela qual você foi escolhido em situações reais durante sua atuação como líder ou organizador do time na Jornada ou em outras situações na sua carreira".
3. Muitas pessoas conseguiram escrever conteúdos inspiradores antes do prazo inicial de 10 dias, mas a maioria estava com diversas iniciativas paralelas no trabalho ou na própria Jornada e pediu mais alguns dias para entregar seus capítulos.
4. Outras pessoas tiveram imprevistos variados e não conseguiram participar da primeira edição do livro. Tive então uma ideia nesse momento: convidar também as pessoas voluntárias que se destacaram nos eventos, visando enriquecer ainda mais as experiências para nossos leitores. Essa foi uma das melhores decisões para este livro. Recebi capítulos inspiradores no mesmo dia em que fiz os novos convites.
5. Diferentemente dos outros livros colaborativos, em que cada coautor tinha acesso em tempo real ao conteúdo de todos e podia ser influenciado ao ler o capítulo do coleguinha, os participantes não tiveram acesso dessa vez. Essa liberdade permitiu conteúdos que superaram minha expectativa.
6. A liberdade de escrita também permitiu que cada coautor falasse além das atitudes e comportamentos que faziam parte do seu capítulo. Como várias atitudes estão interligadas, essa liberdade permitiu uma conexão bastante rica e complementou com chave de ouro o conteúdo para nossos leitores.
7. Foi muito interessante receber o *feedback* de algumas pessoas, que ficaram surpresas com a atitude que escolhi para elas escreverem, pois não tinham a consciência tão clara do seu ponto forte com esse comportamento em experiências anteriores – e a escrita também acabou servindo como prática de autoconhecimento.
8. Alguns capítulos tiveram depoimentos que me deixaram muito emocionado e serviram de combustível para continuar mobilizando as pessoas para nossas iniciativas colaborativas.
9. Conheci histórias lindas de coautores que abriram seu coração mostrando-se pessoas de carne e osso para inspirar nossos leitores.
10. Muitas pessoas relataram crescimento pessoal e profissional com a participação na Jornada.
11. A comunicação direta com os coautores facilitou bastante as poucas dúvidas que surgiram.
12. Como cada pessoa era a única responsável pelo resultado do seu capítulo, o objetivo específico foi mais facilmente entendido e a atitude de dono foi altamente observada.

PARTE II. HISTÓRICO DOS EXPERIMENTOS ANTES DE ESCALAR

1. Iniciando o sonho solitário com o *best-seller* "Jornada DevOps"

Antonio Muniz

O meu sonho de publicar um livro começou quando descobri a paixão pelas aulas nas universidades e nas empresas em que trabalhei. Embora nunca tenha pensado, quando criança, na carreira de professor, essa habilidade foi sendo desenvolvida naturalmente quando assumi a liderança de um time de tecnologia que precisava de treinamento e eu adorava passar dicas durante e após o expediente.

Os primeiros livros que rascunhei em 2010 refletiam minhas experiências sobre liderança, motivação, certificação, tecnologia, gestão de projetos e ITIL®, mas outras prioridades me impediram de prosseguir.

O sonho de publicar um livro foi retomado em 2018, quando decidi compartilhar experiências sobre os assuntos que fizeram brilhar os meus olhos nos últimos anos: *Lean*, *DevOps* e agilidade.

Minha estratégia para ter repertório suficiente para a escrita do livro foi aproveitar a experiência prática das iniciativas profissionais, mas também participar e palestrar em eventos e mergulhar na leitura de quase 20 livros com temas relacionados ao assunto que estava planejando escrever. Como a ideia do livro era preparar também para a certificação internacional *DevOps Professional* do EXIN, decidi conversar com a Milena Andrade para obter o selo deste importante instituto no livro.

Durante um animado café na Starbucks com a Milena no Centro do Rio, em maio de 2018, para credenciar a AdaptNow como centro autorizado do EXIN, comentei sobre a iniciativa do livro para a certificação *DevOps*, mas a minha ideia inicial era publicar direto na Amazon e simplificar a minha vida. Foi nessa hora que recebi uma grande sugestão da Milena: "Muniz, vou te indicar o Sérgio da Brasport. Converse com ele para que o livro tenha o selo também de uma editora que é referência no mercado há mais de 20 anos". O papo com o querido Sérgio na sede da Brasport foi super animado e acertamos os primeiros detalhes do contrato.

Em paralelo à escrita do livro, havia o acordo com a Milena do EXIN para a gravação da videoaula oficial de certificação *DevOps Professional* para credenciar a AdaptNow. Visando aproveitar a sinergia dos conteúdos, decidi priorizar a criação dos *slides* e a gravação dos vídeos, que ficou com mais de 16 horas de conteúdo. Essa videoaula serviu de base para a escrita do livro e todos os coautores que convidei futuramente ganharam o cupom gratuito.

Sempre falo nas aulas e palestras de agilidade que nossos planos são perfeitos até que aparecem os obstáculos. Travei no livro após escrever os três primeiros capítulos, mesmo com toda a estrutura já definida para ser aprovada pelo EXIN. Pensei na estratégia de dividir a escrita com um amigo e o Rodrigo Costa aceitou de imediato meu convite.

2. O *click* com a ideia colaborativa

Antonio Muniz

Você já pensou no poder que tem a energia de várias pessoas apaixonadas que se unem para trocar experiências e aprender ainda mais sobre um assunto?

Em uma tarde de sábado, no dia 29 de setembro de 2018, na PUC-Minas, em Belo Horizonte, tive o primeiro *click* para a criação da Jornada Colaborativa. Após minha palestra para mais de 200 pessoas sobre os aprendizados unindo práticas ágeis, *DevOps*, *Lean*, gestão de mudanças, ITIL® e Cobit®, vários participantes vieram trocar uma ideia bem animada comigo e o Rodrigo sobre a adaptação das experiências em suas empresas. Comentei sobre o livro que estávamos escrevendo sobre *DevOps* e, em algum momento da conversa, algo mágico ocorreu e tive o *click* de convidar essas pessoas tão receptivas para participar da nossa "Jornada DevOps" e enriquecer ainda mais o conteúdo do livro.

Tive convicção nesse momento de que o livro "Jornada DevOps" se tornava propriedade da comunidade brasileira que respira uma cultura com foco em diversidade. Seria maravilhoso ter uma legião de embaixadores para ajudar a explicar um conteúdo tão abrangente e dinâmico. Algumas dessas pessoas tão receptivas que conheci em BH se tornaram amigas e parceiras de outras iniciativas.

Fiquei tão empolgado com a ideia de aplicar, na escrita do livro, a cultura *DevOps* com equipes auto-organizadas e colaboração que "pipoquei" mais de 100 convites para amigos e contatos do LinkedIn para enriquecer ainda mais nosso conteúdo.

Muitos dos convites se reverteram em ações concretas e novos amigos, mas a mensagem que passei no dia 13 de outubro de 2018, via LinkedIn, para o Roberto Carvalho (*Brazil Country Director & Regional Director, South America at Dynatrace*) tornou-se um marco importante para nossa jornada. Além de indicar o Fernando Mellone para liderar o capítulo de telemetria, a Dynatrace se tornou uma grande parceira da nossa comunidade, com a participação direta da Letícia Missali apoiando ações importantes no lançamento do livro e na realização de *workshops* em várias cidades do Brasil para disseminar a cultura *DevOps* junto às comunidades locais.

Chegamos a ter 60 pessoas de várias cidades e empresas no time com os papéis de líder de capítulo (*Scrum Master*) e colaborador (Equipe de Desenvolvimento), ficando comigo e Rodrigo Santos o papel de Dono do Produto (*Product Owner*).

O experimento que fizemos com cada líder do capítulo mobilizando sua equipe não surtiu efeito prático com alguns times. Após um período de resgate das pessoas que não estavam conseguindo avançar por vários motivos e imprevistos, chegou o momento de adaptar o pensamento inicial e pivotar em outra direção, com a escolha de mais duas pessoas para entrar no time organizador e assumir completamente a responsabilidade da escrita e curadoria, visando criar uma força-tarefa para concluir o livro com a qualidade que definimos.

Confesso que fiquei muito dividido na seleção dos nomes para compor o novo contrato com a editora. Veio na minha cabeça a lembrança de seis pessoas fantásticas e amigas. Para simplificar minha vida e não sofrer muito com o sentimento de injustiça, decidi usar critérios objetivos, como a entrega do conteúdo no tempo e com a qualidade combinada e ter assumido proativamente a liderança de outros capítulos. Nessas condições, os escolhidos foram a Analia, cujo primeiro contato eu tive pelo LinkedIn no dia 24 de outubro de 2018, e o Rodrigo Moutinho, que conheci através do Gustavo Angelo no aeroporto do Rio no dia 09 de dezembro de 2018 voltando do TDC de Porto Alegre, mas não havíamos nos esbarrado por lá.

Com a falta de retorno e demora na entrega de alguns capítulos, quase desisti da ideia maluca de juntar pessoas desconhecidas com perfis diversificados para escrever um livro praticando a essência da auto-organização. Tenho imensa gratidão pelas quatro pessoas iluminadas que dedicaram os cinco dias do feriado de Carnaval em 2019 para me ajudar na força-tarefa para finalizar todas as pendências do livro: Analia Irigoyen, Rodrigo Moutinho, Bárbara Cabral da Conceição e Fernanda Reis.

O dia 10 de março de 2019 marcou a entrega do livro para a editora e foi o presente que recebi três dias antes do meu aniversário. Essa data representa um misto de extrema alegria e alívio. Enquanto estou escrevendo este novo livro em fevereiro de 2021, lembro de todos os detalhes dessa sensação vitoriosa que tivemos há dois anos, incluindo o comprometimento da super Analia em pleno domingo à noite fechando os últimos ajustes de uma figura que recebemos às 21h fora do padrão exigido pela editora.

A divisão dos *royalties* do livro "Jornada DevOps" foi um assunto que me deixou desconfortável em vários momentos e tivemos que repensar algumas vezes o combinado com os coautores e a editora. Desde o início dos convites, combinamos que os coautores não teriam participação financeira, visando simplificar o processo junto à editora com mais de 100 pessoas interessadas no início. Além de muito aprendizado e novas amizades, como forma de gratidão, todos os coautores ganhariam a videoaula do EXIN, um exemplar do livro e gratuidade no *workshop* (somando o valor financeiro dos benefícios, todos que entraram no projeto entenderam que era bem mais vantajoso do que esperar o valor das vendas do livro).

Embora ninguém tenha reclamado de não receber os *royalties* da venda dos livros diretamente comigo, algo ainda me incomodava e chegamos a conversar com os organizadores para dividir uma parte para o time da curadoria e outra parte para todos os coautores. Foi quando surgiu outro *click* e sugeri usar toda a renda dos livros para ajudar instituições carentes. Como sempre falei que ninguém ficaria rico com os livros, confesso que essa decisão me deixou mais leve e motivado a fazer do livro um grande sucesso para ajudar mais instituições. Sinto que essa decisão pode ter desagradado e afastado algumas pessoas, mas existem decisões que todo líder tem que ter coragem para tomar – e não me arrependo.

3. O *click* do segundo livro: "Jornada Ágil e Digital"

Antonio Muniz

A história do segundo livro começou durante o *workshop* Jornada Ágil e Digital, na sede da BRQ no Rio de Janeiro, dia 25 de maio de 2019, com quase 50 pessoas de várias organizações e comunidades que se propuseram a passar um sábado animado para trocar experiências sobre transformação digital, agilidade e mudança de *mindset*. Eu havia desenhado este *workshop* para ajudar pessoas que estavam na jornada de transição dos métodos tradicionais para a agilidade.

Os times estavam tão receptivos que pensei naquele momento o quanto poderíamos impactar positivamente mais pessoas caso transformasse o conteúdo abordado no *workshop* em um livro, que tem um grande poder de alcance, seja nas livrarias e principalmente no formato digital.

Enquanto os times realizavam as atividades com a ajuda da equipe que havia convidado para ajudar na facilitação das dinâmicas (Analia, Bruno Jardim, Joana Carrasco, Fabiana Ravaneda, Raphael Boldrini), comecei a refletir como poderia aproveitar a incrível experiência do livro "Jornada DevOps", que escrevemos aplicando práticas ágeis com 33 pessoas de perfis e experiências diversas, e iniciar a aventura do segundo livro.

No intervalo da tarde, diversos participantes e facilitadores se aglomeraram espontaneamente para falar da experiência do *workshop* e veio o *click* de propor uma meta ambiciosa: quem estaria disposto a mergulhar nesse novo sonho colaborativo para entregar os capítulos em dois meses, aplicando a prática de equipes auto-organizadas? Muitos aceitaram e fiquei tão empolgado que criei na mesma hora o grupo no WhatsApp.

Considerando que o conteúdo que trabalhamos no *workshop* era muito extenso (8h presencial + 15h de videoaula), convidei novos amigos que conheci em várias cidades no *workshop* Jornada *DevOps*, eventos e palestras. Para ter ainda mais diversidade no time, aceitamos todas as sugestões da própria equipe com novos integrantes e ultrapassamos a marca de 90 pessoas no grupo WhatsApp do time. Fechamos o livro com 56 coautores.

A decisão de não limitar a quantidade de pessoas no time foi muito enriquecedora, porém aumentou a responsabilidade na revisão final e a ligação lógica dos assuntos. Fiquei mais tranquilo com essa decisão porque já tinha convidado a super Analia, amiga-irmã que ganhei no livro "Jornada DevOps", para dividir a revisão final e fiquei ainda mais fã dessa pessoa incrível, com toda sua dedicação e profissionalismo.

4. O *click* do terceiro livro

Antonio Muniz

A história do terceiro livro começou com o convite que fiz para a Carol participar do livro "Jornada DevOps", quando nos conhecemos na palestra que fiz na Campus Party no dia 16 de fevereiro de 2019, em São Paulo. Após alguns meses, tivemos palestras aprovadas no TDC em Floripa e curti muito a apresentação da Carol sobre os resultados obtidos com o *framework* de qualidade que ela construiu. A conversa foi tão animada após a palestra que pensamos que seria ótimo compartilhar esse conteúdo com mais pessoas por meio do terceiro livro da nossa comunidade Jornada Colaborativa (que ainda não tinha esse nome).

O Rodolfo acompanhou toda essa história e também ficou muito empolgado para participar dessa nova Jornada. Faltava o quarto nome para fechar o time organizador que fica na capa do livro e pensamos que nossa amiga em comum, Bárbara Cabral, seria a escolha perfeita, pois, além do ótimo desempenho no livro "Jornada DevOps", ela possui sólida experiência em qualidade ágil.

O passo seguinte foi convidar pessoas da comunidade para enriquecer ainda mais o conteúdo. Tivemos a honra de muitas feras aceitarem os nossos convites.

Como grande parte do conteúdo desse livro tem ligação direta com testes automatizados e não sou especialista no tema, o papel da Carol e da Bárbara na curadoria foi fundamental para estruturar e revisar todo o livro. Agradeço muito toda a dedicação dessas duas feras que são referência em qualidade no Brasil.

5. O *click* da Jornada Summit presencial e *on-line*

Antonio Muniz

Durante minha jornada de aprendizado e atualização profissional, participei e palestrei em grandes eventos e *workshops* entre 2018 e 2019 em várias cidades e comecei a sonhar com um evento de lançamento para nosso primeiro livro "Jornada DevOps".

Como a maioria das pessoas que eu conhecia estava no Rio de Janeiro, decidimos juntar na cidade maravilhosa todos os coautores que pudessem vir no dia 06 de junho de 2019 para comemorar nossa vitória. Finalmente nos conheceríamos pessoalmente, pois a grande maioria do time mantinha apenas o contato remoto.

Dediquei o feriado do trabalhador, dia 1º de maio de 2019, para planejar o evento, e minha esposa comentou que tinha algum tempo que não recebia a ligação da Aliança dos Cegos para a doação mensal. Tive então o *click* de doarmos toda a receita para essa instituição que ajuda pessoas carentes com um trabalho sério.

Pensando na divulgação, conversei com vários líderes de outras comunidades no Rio de Janeiro para nos ajudar a realizar um evento histórico. Tivemos grandes parceiros, mas fiquei com a impressão de que o engajamento poderia ter sido maior.

Nesse momento, pensei que estava na hora de criar nossa própria comunidade para organizar eventos beneficentes e ir além da escrita de livros. Plantei a semente nas pessoas mais próximas e surgiu de fato a **Jornada Colaborativa**, com o objetivo de criar e compartilhar conteúdos de alta qualidade e transformar vidas com experiências colaborativas.

Em paralelo à divulgação nas comunidades amigas, tivemos o apoio de várias empresas e agradecemos a todos que ajudaram a concretizar nosso sonho. Gratidão especial para o time da Dynatrace, que patrocinou os livros para quase 400 participantes, e agradecemos ao time da SulAmérica, que viabilizou o Centro de Convenções para esse momento mágico.

O primeiro evento de lançamento no dia 06 de junho de 2019 foi uma grande festa, com três palestras e participação de 21 coautores que vieram do Rio de Janeiro, São Paulo, Floripa e BH: Analia, André Oliveira, Augusto Melo, Bárbara Cabral, Bruno Jardim, Carol Vilas Boas, Eduardo Gomes, Fabiana Ravaneda, Fabrício Guimarães, Fernanda Reis, Fernando Mellone, Leandro Barreto, Leonardo Matsumota, Mauro Pedra, Milena Andrade, Renato Fontes, Rodrigo Costa, Rodrigo Moutinho, Rodrigo Fittipaldi e Vanesa Bustamante.

A experiência do primeiro livro foi tão incrível que fizemos mais quatro *summits* de lançamento presencial e doamos R$ 25 mil para cinco instituições em 2019:

- ✓ 17 de agosto de 2019: "Jornada DevOps" para 300 pessoas na PUC-SP.
- ✓ 23 de janeiro de 2019: "Jornada Ágil e Digital" para 250 pessoas no Senac-RJ.
- ✓ 07 de dezembro de 2019: "Jornada Ágil de Qualidade" para 280 pessoas na PUC-SP.
- ✓ 14 de dezembro de 2019: "Jornada DevOps" + "Jornada Ágil e Digital" + "Jornada Ágil de Qualidade" para 180 pessoas na TOTVS-Joinville.

O ano de 2020 seria nosso ápice, com 10 grandes eventos com local confirmado no Rio, em São Paulo, Belo Horizonte, Brasília e Floripa para os primeiros meses. Mas surgiu a pandemia do coronavírus no caminho, que paralisou o mundo e trouxe grande sofrimento, principalmente para as pessoas com menos condições financeiras.

Após a paralisia de alguns dias em março para entender melhor o impacto da pandemia, surgiu o *click* do Summit *on-line* para arrecadar doação para instituições que estavam ajudando as pessoas impactadas pelo coronavírus e também gerar conteúdo de qualidade para quem já estava cansado de filmes e séries disponíveis via *streaming* e TV. Como sonhamos alto, a ideia seria fazer 10 sábados com os temas dos livros que estavam sendo escritos, aproveitando a experiência dos nossos coautores e profissionais de mercado.

A união dos voluntários trouxe grandes resultados no Summit *on-line*:

- ✓ Doação de R$ 100 mil para 10 instituições.
- ✓ 13 sábados com mais de 3.500 participantes e 160 palestras.
- ✓ Palestras com 25 presidentes, 50 executivos e 80 especialistas.
- ✓ Mais de 50 empresas patrocinadoras e apoiadoras.
- ✓ Mais de 30 comunidades amigas apoiadoras.

Para lançar o livro "Jornada do Ágil Escalado" e comemorar nossa oitava publicação com a liderança do amigo Júnior Rodrigues, tivemos uma grande colaboração do time da Globo e organizamos juntos a **Jornada Globo Day** nos dias 04 e 05 de dezembro de 2020, com palestras *on-line* e transmissão ao vivo. Com participação de quase 100 voluntários e forte engajamento do amigo Carlos Tristacci da Globo, concretizamos o maior evento da Jornada em 2020:

- ✓ Total de 3.453 inscritos.
- ✓ 1.380 participantes ao vivo simultâneos.
- ✓ 7 salas paralelas.
- ✓ Natal histórico para a Aliança dos Cegos.
- ✓ Lançamento com 1.400 livros "Jornada do Ágil Escalado".
- ✓ Sorteio de 400 exemplares com camisas do evento.
- ✓ 14 empresas patrocinadoras.
- ✓ Apoio de 40 empresas e comunidades amigas.

6. O *click* para a escalada dos times

Antonio Muniz

Com o sucesso no lançamento dos três primeiros livros colaborativos com mais de 100 coautores ("Jornada DevOps", "Jornada Ágil e Digital" e "Jornada Ágil de Qualidade"), fiz uma lista de quase 40 novas publicações para a série Jornada, mas não tinha decidido ainda por qual delas seria mais interessante iniciar. Além disso, tinha dúvida também do momento mais adequado para começar, pois grande parte da comunidade estava com foco na organização do Jornada Summit e não seria possível mobilizar muitas pessoas do time que já tinha a experiência na escrita dos primeiros livros.

Considerando que todo livro é um produto e todo produto precisa ter uma clara definição de propósito, três marcos importantes motivaram a escolha pela "Jornada Ágil do Produto" como o quarto livro da nossa série:

- ✓ **Motivo 1:** durante um papo animado no dia 30 de outubro de 2019 com minhas amigas Analia Irigoyen e Bianca Barcelos, antes da palestra que fizemos no *meetup* da Wooza, comentei que começaria um novo livro. Quando perguntei de qual tema elas preferiam participar entre Jornada de Produto e Jornada de Inovação, as duas responderam produto.
- ✓ **Motivo 2:** unir novos coautores de mercado com experiências complementares seria também uma excelente forma de me atualizar com práticas de ponta para gestão de produtos, além da grande oportunidade de fazer novas amizades.
- ✓ **Motivo 3:** mais um livro potencializaria os resultados da nossa comunidade, visando ultrapassar a doação de R$ 25 mil que conseguimos com os *royalties* e receita dos cinco *summits* Jornada Colaborativa em 2019.

Com a decisão tomada, criei o grupo no WhatsApp na mesma hora para o livro "Jornada Ágil do Produto" e comecei a busca pelas pessoas com vivências variadas no assunto, considerando todo o ciclo do produto: **descoberta**, **desenvolvimento** e **operação**. Esse foi o livro onde mais pratiquei a habilidade *headhunter*, convidando mais de 300 pessoas via LinkedIn. Foram várias noites e finais de semana avaliando perfis complementares. Muitos coautores também indicaram seus conhecidos e nosso time no WhatsApp chegou a ter 144 pessoas de várias cidades e empresas de diferentes portes e mercados.

Em paralelo à escolha dos coautores, a definição das pessoas para o papel de organização e curadoria é uma das minhas grandes preocupações, pois torna-se mandatório ter fortes habilidades emocionais para o bom relacionamento com o time. A função requer uma enorme dedicação na revisão completa dos capítulos para garantir a alta qualidade para nossos leitores. Como não poderia deixar de ser, a primeira pessoa que convidei foi minha grande amiga que admiro cada vez mais, a Analia, que aceitou de imediato entrar no time. O Targino e a Dayane fecharam o time organizador.

As primeiras reuniões com o time de produto foram muito animadoras e as ideias evoluíram rapidamente para a definição da estrutura e capítulos. Nesse momento, comecei a pensar em iniciar um novo experimento com vários livros em paralelo. Quando essa possibilidade veio à cabeça, sabia que seria chamado de louco, mas minha intuição novamente falou mais alto e decidi mergulhar de cabeça nessa nova aventura.

Quando tive que decidir entre ficar focado nos detalhes do livro de produto ou deixar o time seguir adiante para iniciar outras jornadas, confesso que não foi fácil praticar o desapego completo no decorrer do livro, pois lá no fundo eu gostaria de participar de tudo, mas seria egoísmo de minha parte não deixar o time decolar com suas ideias. O resultado final foi muito melhor do que sonhei lá no início e gerou a oportunidade para descobrir novos talentos para os outros livros.

Sempre falo que times incríveis podem ser desafiados com grandes resultados. Tenho grande orgulho de ter plantado a semente que permitiu o desenvolvimento de 17 livros com 700 coautores (oito livros já lançados até 2020 e nove livros que serão até julho de 2021):

1. "Jornada DevOps", com 32 coautores e 4 curadores: unindo cultura ágil, tecnologia e *Lean* para entrega de software com qualidade.
2. "Jornada Ágil e Digital", com 56 coautores e 2 curadores: unindo 30 *frameworks* e práticas que potencializam a transformação.
3. "Jornada Ágil de Qualidade", com 24 coautores e 4 curadores: aplique técnicas desde o início do ciclo para implantação contínua.
4. "Jornada Ágil do Produto", com 69 coautores e 4 curadores: unindo práticas e *frameworks* para capacitar PO e PM com foco no cliente.

5. "Jornada DevOps", segunda edição, com 36 coautores e 4 curadores – *best-seller*: unindo cultura ágil, tecnologia e *Lean* para entrega de software com qualidade.
6. "Jornada Saudável", com 26 coautores e 7 curadores: entenda a ameaça do sedentarismo e como conquistar uma vida plena e ativa.
7. "Jornada Ágil de Liderança", com 86 coautores e 5 curadores: como inspirar e desenvolver times protagonistas na era digital.
8. "Jornada do Ágil Escalado", com 64 coautores e 6 curadores: como escalar a agilidade com foco nas pessoas para resultados de valor.
9. "Jornada Business Agility", com 48 coautores, 16 executivos revisores e 5 curadores: agilidade nos negócios com adaptabilidade e cliente no centro.
10. "Jornada Kanban na prática", com 24 coautores e 5 curadores: unindo teoria e prática para acelerar o aprendizado de quem está iniciando
11. "Jornada Java", com 32 coautores e 6 curadores: unindo práticas para construção de código limpo e implantação com qualidade.
12. "Jornada RH Ágil", em produção no momento com 53 coautores e 7 curadores: relações humanizadas com a agilidade para construir times protagonistas.
13. "Jornada Python", em produção no momento com 57 coautores e 8 curadores: uma jornada imersiva na aplicabilidade de uma das mais poderosas linguagens de programação do mundo.
14. "Jornada Inovação Ágil", em desenvolvimento com 68 coautores e 7 curadores: práticas e *frameworks* para alavancar a inovação e agilidade nas empresas.
15. "Jornada Azure DevOps na prática", em desenvolvimento com 18 coautores e 7 curadores: unindo teoria e prática com o objetivo de acelerar o aprendizado do Azure *DevOps* para quem está iniciando.
16. "Jornada da Inclusão", em desenvolvimento com 40 coautores e 8 curadores: criando pontes para a construção de organizações inclusivas, inovadoras, humanizadas e sustentáveis.
17. "Jornada Remota", em desenvolvimento com 52 coautores e 8 curadores: unindo experiências para potencializar resultados em times remotos, respeitando a singularidade das pessoas.

Os aprendizados com a escalada dos livros permitiram também construir times para dez novas publicações que serão desenvolvidas entre 2021 e 2022.

7. O processo colaborativo de escrita

Antonio Muniz

A escrita colaborativa potencializa a inteligência coletiva de pessoas com experiências diversificadas, gera muitas amizades e novos aprendizados. Por outro lado, a essência da colaboração expõe opiniões diferentes – e podemos crescer muito nesse processo tão enriquecedor quando praticamos o respeito e a comunicação empática.

A experiência dos 11 livros concluídos mostrou que os melhores resultados seguiram os oito passos a seguir. **Você pode adaptar esse processo com seu time para gerar ideias inovadoras ou resolver problemas complexos:**

- ✓ **Passo 0:** esta é a fase que batizei recentemente de "antimortem", pois é fundamental para que a chama do livro não se apague e evita problemas de comunicação ou conflitos que geralmente são tratados no *post-mortem* (o termo *post-mortem* é bastante conhecido no mercado e trata de quando juntamos as pessoas para aprender com os problemas depois que estes ocorrem; se não for bem conduzido, gera mais problemas do que solução). A ideia deste passo é deixar bem claro quais são as atitudes colaborativas que valorizamos na Jornada e a importância do comprometimento de todos para aproveitar todo o processo com novas amizades e construção de conteúdo com alto valor para os nossos leitores. A liderança da Jornada Colaborativa escolhe a pessoa que assumirá a liderança do livro e agenda o primeiro papo com os curadores para esclarecer vários detalhes sobre as atribuições de cada um e como funciona o processo de escrita. O líder do livro deve representar a essência colaborativa da Jornada e dedicar uma grande parte do seu tempo para engajar e inspirar os curadores e coautores durante todo o processo de seleção das pessoas, escrita e revisão final.
- ✓ **Passo 1:** o time organizador é composto por pessoas com forte compromisso e disponibilidade para as atividades do livro, experiência no assunto e grande habilidade interpessoal. O líder do livro tem o importante papel de mobilizar todos os organizadores para aprofundar os temas sugeridos para o livro com a definição da estrutura inicial e do propósito do livro. Os times de excelência

costumam fazer até três encontros e investem até seis horas nesta fase. A liderança da Jornada Colaborativa interage com o time organizador e participa dos encontros quando é necessário orientar os novos participantes ou esclarecer as estratégias dos livros e eventos.

- ✓ **Passo 2:** o time organizador apresenta o propósito do livro e a estrutura inicial para o time de coautores. Recomenda-se engajar a participação ao vivo dos coautores para que todas as dúvidas sejam sanadas e também reforçar os próximos passos, principalmente como os interessados podem contribuir com sugestões de capítulos para a estrutura inicial apresentada. Esse encontro dura de uma a duas horas, dependendo da quantidade de coautores e do perfil do time. A liderança da Jornada Colaborativa participa desse encontro.
- ✓ **Passo 3:** o time de coautores acessa a planilha com a estrutura inicial e sugere capítulos que podem contribuir para cumprir o propósito do livro. O prazo para sugestões varia de cinco a 10 dias. O time organizador acompanha de perto as sugestões e orienta os coautores em caso de dúvidas.
- ✓ **Passo 4:** o líder do livro mobiliza todos os organizadores para avaliar os capítulos sugeridos pelos coautores e definir a estrutura que o livro deve ter para cumprir seu propósito e entregar o máximo de valor aos nossos leitores. O time organizador também combina como será feita a divisão para revisão dos capítulos, e a recomendação é que fique claro, para todos, os critérios de pronto. Os times de excelência costumam fazer até seis encontros e investem até 12 horas nessa fase. A liderança da Jornada Colaborativa interage com o time organizador e participa dos encontros quando é necessário orientar os novos participantes ou esclarecer as estratégias dos livros e eventos.
- ✓ **Passo 5:** o time organizador apresenta a estrutura e os capítulos aprovados do livro para o time de coautores e reforça que todo o conteúdo que será escrito pode ser modificado pela curadoria ou editora. Recomenda-se engajar a participação ao vivo dos coautores para que todas as dúvidas sejam sanadas e também reforçar os próximos passos, principalmente como os interessados podem escolher os capítulos para a escrita. Esse encontro dura de uma a duas horas, dependendo da quantidade de coautores e do perfil do time. A liderança da Jornada Colaborativa participa desse encontro.
- ✓ **Passo 6:** os coautores terão de 20 a 30 dias para finalizar a escrita dos seus capítulos e são mentorados pelo curador do respectivo capítulo. Os times de excelência não deixam acumular capítulos sem revisão e investem de uma a duas horas diárias conversando com seus coautores e trocando experiências com os outros organizadores. Os coautores entendem que todos os organizadores do livro são líderes colaborativos, e torna-se importante dedicar atenção especial às respostas das mensagens no grupo e no privado, pois isso

serve como termômetro de que o assunto é importante. Os organizadores de excelência praticam a essência da empatia e comunicação não violenta, mesmo quando são injustiçados em algumas situações, ou seja, não jogam gasolina no fogo. A liderança da Jornada Colaborativa interage com o time organizador e participa dos encontros quando é necessário orientar os novos participantes ou esclarecer as estratégias dos livros e eventos.

✓ **Passo 7:** o líder do livro mobiliza os organizadores para finalizar a revisão dos seus capítulos com *feedback* final aos coautores. Nesta fase, o líder do livro faz a revisão geral e encaminha o *link* do livro e das figuras para a liderança da Jornada Colaborativa.

✓ **Passo 8:** a liderança da Jornada pode sugerir ajustes finais ao conteúdo, escreve a apresentação do livro e encaminha o *kit* para a editora nomeando o líder do livro como responsável pelas possíveis correções durante a revisão final. Visando garantir a qualidade das nossas publicações, a editora tem total autonomia para sugerir mudanças nos capítulos e na estrutura do livro.

Papéis na escrita colaborativa

1. **Escritor líder:** faz o papel de líder do capítulo (*Product Owner*), assumindo toda a responsabilidade pelo resultado final entregue e seguindo o propósito do livro. Precisa ter vivência no assunto escolhido, perfil de liderança colaborativa e fortes habilidades interpessoais. Ele colabora com o escritor aprendiz durante todo o processo. Sugerimos uma pessoa por capítulo e não recomendamos assumir mais de um capítulo com esse papel (a curadoria avalia o perfil do líder e poderá sugerir mudanças).
2. **Escritor aprendiz:** pessoa interessada em se aprofundar em um assunto no qual não tem muito domínio e fica responsável pela criação das figuras que foram usadas com a adaptação do original. Além disso, é responsável pela leitura e *feedback* ao escritor líder, avaliando se ele conseguiu comunicar o objetivo do capítulo.
3. **Escritor *backup*:** assume a escrita do capítulo quando o escritor líder não conseguir cumprir a data de entrega do capítulo.
4. **Time organizador:** responsável pelo contato contínuo com o time de coautores e curadoria para antecipar os ajustes da editora, verificando se há falta de conexão com a visão do capítulo, o objetivo da parte e o livro como um todo. O líder do time é responsável pelos ajustes finos e pela coesão entre os capítulos, podendo incluir, excluir, mesclar e realocar conteúdos de forma a garantir a fluidez do livro.

5. **Escritor *case*:** responsável pela inclusão de um exemplo real e relevante de aplicação do conteúdo explicado.

Orientações na reunião dos coautores e dicas para a escrita

1. Comprometa-se com a data de entrega e as condições combinadas, pois o trabalho será auto-organizado.
2. O conteúdo de cada capítulo varia de três a cinco páginas. Lembre-se de que o livro deve entregar valor para nossos leitores e o time da curadoria e a editora têm total autonomia para modificar os conteúdos escritos.
3. Escolha ser líder de apenas um capítulo com um assunto que domine e faça mentoria para os aprendizes. Antecipe a entrega para assumir a liderança de novos capítulos.
4. Escritor líder pode aproveitar para ser aprendiz em outros capítulos.
5. Aprendizes, deem *feedback* ao líder do seu capítulo e cuidem bem das imagens com pelo menos 1000 dpi em tons preto e branco na impressão.
6. Times que estiverem atuando no mesmo capítulo: auto-organização e respeito por opiniões diferentes.
7. Tenha humildade para aceitar a revisão da curadoria. A decisão final sobre o conteúdo é dos curadores e da editora.
8. Faça referência aos outros livros da Jornada e evite detalhar os assuntos já publicados.
9. Comece logo a escrita, mesmo como um rascunho, para aproveitar as ideias antes do prazo final.
10. Em caso de dúvidas, entre em contato com o organizador responsável pelo seu capítulo ou com o líder do livro.

8. Os sete pilares da Jornada Colaborativa e benefícios aos participantes

Antonio Muniz

Nossa jornada começou com a escrita de livros. O engajamento do time permitiu novas iniciativas, e aqui apresento um resumo.

1. **Livros e e-books:** experiências brasileiras de alta qualidade aplicando a agilidade e a colaboração. Já somos mais de mil coautores e 100 curadores com 17 livros produzidos e 10 livros em andamento.
2. **Jornada Summit:** até março de 2021, tivemos quase 12 mil participantes em 20 *summits* com mais de 400 palestras de presidentes, executivos e especialistas sobre agilidade, carreira, software, *DevOps*, Java, Python, inovação, liderança e tecnologia. A Jornada Summit nos dias 19 e 20 de março de 2021 ficou marcada como o maior evento até o momento:
   a. Doação de R$ 25 mil para cinco instituições carentes.
   b. Mais de dois mil participantes ao vivo na sala principal dia 19 de março de 2021.
   c. Total de 24 salas paralelas no segundo dia, com mais de duzentas horas de conteúdo e a liderança de pessoas amigas que são feras do mercado: Analia Irigoyen, Ana Cláudia, André Guilhon, Bárbara Cabral, Carla Krieger, Carla Ezaki, Carlos Baldissera, Cleiton Caco, Déborah Zapata, Denis Mazini, Gustavo Bunger, João Clineu, Juliano Granadeiro, Júnior Rodrigues, Karina Varela, Luiz Labriola, Luiz Mandarino, Roan Monteiro, Sandro Giacomozzi, Rafael Targino, Tiago Jensen, Victor Gonçalves, Vinícius Pessoni, Viviane Laporti e Wagner Drumond.
   d. Lançamento de três livros: "Jornada Business Agility", "Jornada Java" e "Jornada Kanban na prática".
   e. Mais de 500 kits com livros e camisas entregues para nossos coautores, palestrantes, organizadores e voluntários.
   f. Total de 7.500 ingressos para 17 empresas e patrocínio de 3.500 livros para presentear os nossos coautores, pessoas que estão desempregadas e estudantes carentes na Jornada Learning.

3. **Jornada Learning:** capacitação com profissionais de referência somando *workshop* + livro + mentoria. Tivemos 500 pessoas capacitadas nas seis primeiras trilhas em 2020 e gratuidade para 300 pessoas desempregadas.
4. **JornadaCast:** troca de experiências com executivos e especialistas sobre agilidade, carreira, desenvolvimento de software, inovação, liderança e tecnologia. Foram 56 episódios até 2020. Assim como fizemos no livro "Jornada Business Agility", os novos livros terão diversos episódios e sugerimos acompanhar nosso *podcast* no Spotify.
5. **Jornada do Bem:** após doar R$ 160 mil até março de 2021, levaremos presentes e alimentos às instituições em datas especiais com a doação dos próximos eventos.
6. **Jornada Jobs:** conectamos pessoas em busca de recolocação e empresas que possuem vagas. Se você tem interesse em colaborar ou acompanhar as vagas, entre em nosso grupo no Telegram "Jornada Jobs".
7. **Jornada Talks:** encontros divertidos para *networking*, aprendizados, falhas e *pitch* de soluções. Acompanhe a página da Jornada Colaborativa no MeetUp para participar dos próximos eventos e aproveite para aprender e fazer novas amizades.

As amizades que criamos na Jornada Colaborativa superam o nosso trabalho voluntário. Ficará para sempre em minha memória a segunda edição da Jornada Talks no dia do meu aniversário, 13 de março de 2021. Além de receber uma cesta linda em casa, esse encontro teve surpresas emocionantes que a amiga Déborah liderou com pessoas especiais (Analia, Ana Cláudia Rodrigues, Bárbara Cabral, Carla Krieger, Carla Ezaki, Ibson Cabral, Jailson Barbosa, Juliana Souza, Juliana Barros, Júnior Rodrigues, Luiz Mandarino, Karine Cordeiro, Victor Gongalves, Wagner Drumond) e o amigo Victor Gonçalves representou o time com uma mensagem INCRÍVEL:

J untos, estamos fazendo história. Afinal,
O rganizar pessoas em torno de um propósito maior só pode
R etornar o bem!
N esse caminho, colaboramos e fizemos amigos,
A judamos pessoas,
D emocratizamos o conhecimento e
A mplificamos o saber

C onstruímos uma família
O nde o grande mentor de toda essa história
L idera com prazer e ousadia.
À s vezes, ousadia até demais. Rsrs. Mas seu
B rilho nos
O lhos faz valer a pena.
R imos uns com os outros e não vemos a hora de te darmos um
A braço profundo e agradecer a você por fazer do seu sonho o nosso sonho.
T amo junto, amigo Muniz.
I deia boa é aquela que vira realidade. Portanto,
V iva intensamente, realize intensamente e conte com
A gente nessa Jornada! Parabéns pelo seu dia!

Existem motivações variadas para quem entra em uma comunidade, como a troca de experiências, novas amizades, oportunidades de emprego, etc. Durante os dois anos da Jornada Colaborativa, tivemos *feedbacks* de vários participantes que colheram resultados que compartilho a seguir:

1. Geramos oportunidade para pessoas que são apaixonados por compartilhar suas experiências em livros, palestras, mentoria, *podcast* e *workshops*.
2. Protagonismo e aprendizado prático com feras em agilidade, liderança, colaboração, inovação e tecnologia.
3. Grandes amizades e convites para novos negócios, *workshops*, aulas, palestras, etc.
4. Muitas pessoas se recolocaram no mercado e foram promovidas nas suas empresas.
5. Satisfação em contribuir com pessoas que precisam de ajuda financeira, aprendizado e novas oportunidades na carreira.

Recebemos centenas de mensagens de incentivo ao nosso trabalho voluntário e depoimentos de pessoas que se transformaram com nossas iniciativas, desde os leitores e participantes dos eventos até nossos voluntários, coautores, palestrantes, patrocinadores, organizadores e líderes. Um depoimento que me deixou extremamente emocionado e com a certeza de que estamos no caminho certo para transformar mais vidas foi postado no LinkedIn dia 18 de março de 2021 pelo amigo André Guilhon, que foi meu aluno e já teve experiências na Jornada como coautor, organizador, curador, líder de livro e líder da sala Python na Jornada Summit:

> *A gente sempre fala do quanto a Jornada Colaborativa vem impactando vidas ao longo desses anos e eu confesso que pouco tempo tive para refletir o quanto essa comunidade transformou a MINHA vida. O quanto a Jornada me levou do ponto A ao ponto B. A Jornada me ajudou a me tornar um líder melhor, a Jornada me "apresentou" novas pessoas e com elas vieram novos conhecimentos e eu pude ver como está o mercado e consequentemente estudei coisas novas. A Jornada me ajudou a melhorar soft skills, me proporcionou mais uma fonte de atuar com a caridade. A Jornada me permitiu escrever um livro e me sentir pertencente a uma comunidade. Assim como os verdadeiros fãs do Python são os Pythonistas, hoje eu me sinto um "Jornadista". Muito obrigado Muniz e a todos que fazem isso tudo acontecer!*

Temos dezenas de empresas que acreditaram em nosso sonho colaborativo e nos ajudaram a transformar mais vidas. Em conversa com líderes das primeiras empresas que nos apoiaram, tivemos um *feedback* bastante interessante do impacto que estamos gerando também no mundo corporativo, que compartilho a seguir:

1. Aproveitam conteúdo dos nossos livros para aprofundar trilhas de aprendizado com coautores que vivem experiências brasileiras e praticam a inteligência coletiva.
2. Inclusão dos nossos livros no *kit* do *onboarding*, sorteio em eventos internos e presente para times, clientes e parceiros.
3. Inscrição dos colaboradores na Jornada Summit e Jornada Learning, visando aumentar o repertório dos times com palestras relevantes e contato direto com executivos e especialistas com experiências diversificadas no mercado brasileiro.
4. Divulgação de vagas para público seleto de profissionais que investem em sua qualificação e pessoas em busca de recolocação.
5. Admiração da comunidade, de colaboradores e das instituições beneficiadas com nossas ações sociais.

PARTE III. LIDERANÇA COLABORATIVA

9. A liderança colaborativa do time organizador

Antonio Muniz

O tema liderança é bastante explorado na literatura – e sugiro a leitura do livro "Jornada Ágil de Liderança" se você estiver interessado em aprender com 86 pessoas de perfis variados e experiências brasileiras.

Aproveite também para conhecer e assinar o Manifesto da Liderança Ágil no Mundo Digital neste *link*: <https://manifestoliderancaagil.com/>.

Considero que a liderança colaborativa que buscamos na Jornada e nas organizações valoriza o potencial de todas as pessoas que desejam ser protagonistas. Neste modelo, todos podem opinar e assumir iniciativas nos livros e eventos. Quem é coautor pode ser o organizador ou líder do time nos próximos livros. Quem é voluntário em um evento pode ser organizador no futuro. Quem é convidado do JornadaCast pode ser *host* no futuro. Quem aprende na Jornada Learning pode ser facilitador ou mentor nas próximas turmas.

Penso que a liderança colaborativa tem dois desafios que se realimentam:

1. Desenvolver pessoas do time para assumir as responsabilidades que chegam junto com a autonomia.
2. Desenvolver um perfil de liderança que jogue junto com o time para dividir as decisões, mas ao mesmo tempo também ter a coragem e o discernimento para tomar as decisões de acordo com o contexto e a maturidade das pessoas envolvidas em cada situação.

Temos na Jornada Colaborativa pessoas com significativa experiência na liderança de grandes times e outras pessoas que estão iniciando essa jornada tão complexa.

O engajamento do time depende diretamente das ações concretas de quem está na liderança, mas, ao mesmo tempo, depende que os times tenham habilidades para trabalhar com autonomia.

A essência da colaboração depende de um objetivo comum onde todos vibram com o sucesso do coleguinha, pois todos ganham juntos...

A inteligência coletiva não se sustenta sem a verdadeira confiança das pessoas umas nas outras, principalmente na liderança, que deve criar um ambiente propício para destravar a criatividade de todos.

Não somos perfeitos, mas essa é a visão que buscamos multiplicar na Jornada Colaborativa. Confira nos próximos capítulos as atitudes que caracterizam os times com maior sucesso. Tenho convicção de que você pode adaptar essas práticas em sua carreira.

10. A liderança colaborativa depende de times colaborativos

Antonio Muniz

Aproveitando os aprendizados e os resultados entregues pelos times nos primeiros livros e eventos, passei muitos dias refletindo sobre alguns desafios na Jornada Colaborativa:

1. Como multiplicar as atitudes que desejamos mesmo com a escalada dos times?
2. Como formar novos líderes com a nossa essência colaborativa?
3. Como passar adiante essa riquíssima experiência para aplicar também nas várias empresas que dependem cada vez mais da colaboração para alcançar resultados inovadores e superar as expectativas dos clientes?
4. Como atrair novas pessoas colaborativas para transformar mais vidas?

Quando precisamos reforçar ou desenvolver novas competências, sempre vem à mente o popular acrônimo CHA:

1. **Conhecimento:** é o primeiro passo, quando sabemos algo.
2. **Habilidades:** é o segundo passo, quando sabemos fazer algo.
3. **Atitude:** é o terceiro passo, quando queremos fazer algo e gerar resultados.

Para me ajudar com a missão de disseminar as atitudes mais importantes para times colaborativos, convidei os líderes e voluntários da Jornada com quem tive um contato mais próximo nos primeiros livros e eventos, visando aprofundar os comportamentos mais importantes.

Embora cada pessoa tenha apresentado diversas atitudes colaborativas durante nossas interações e tenha grande repertório em suas carreiras, eu refleti bastante para escolher a característica que mais me marcou. Tenho certeza que as histórias dessas pessoas de carne e osso podem inspirar muita gente em suas carreiras e vidas.

Como forma de gratidão e reconhecimento a essas pessoas diferenciadas nos livros e eventos, apresento a seguir como cada uma delas praticou a atitude que valorizamos na Jornada Colaborativa e como esses exemplos contribuem para transformar vidas com aprendizado contínuo, conteúdo de alta qualidade, novas amizades e ajuda financeira para instituições carentes.

Algumas pessoas que foram convidadas tiveram imprevistos variados e não puderam participar. Novas atitudes com novas pessoas poderão ser incluídas nas próximas edições deste livro, visando enriquecer ainda mais o repertório de comportamentos importantes para times colaborativos em nossa comunidade e nas organizações em geral.

Faço questão de agradecer a grande contribuição da Carol Villas Boas e do Rodolfo Colares, que participaram da Jornada desde o lançamento do livro "Jornada DevOps". Vivemos juntos momentos mágicos, incluindo a participação do seu lindo filho Serginho, por quem tenho enorme carinho. Eles foram convidados para escrever seus capítulos neste livro, mas decidiram não participar por motivos pessoais que respeitamos.

1. **Analia Irigoyen = Humildade:** sabe aquela pessoa que é fera, mas continua em busca de aprendizado e nunca aproveita sua posição de destaque para prevalecer em um debate? Considero a Analia uma grande irmã que ganhei na Jornada e ficará marcada a sua atuação em todas as atividades que foram necessárias no Carnaval de 2019 para finalizar o livro "Jornada DevOps". Sua paixão pela escrita é admirável.
2. **Ana Cláudia Rodrigues = Entusiasmo:** adoro conhecer pessoas que nos colocam para cima, e a Ana Cláudia tem um brilho nos olhos que contagia. Seu entusiasmo em colaborar é tão grande que ela já participou de várias iniciativas da Jornada: coautora do futuro livro sobre *data driven*, revisora do livro "Jornada Business Agility", organizadora líder do futuro livro sobre RPA, palestrante do Summit, visita na Aliança dos Cegos, JornadaCast e Jornada Learning.
3. **André Guilhon = Foco:** embora já tivesse contato com o André quando foi meu aluno em um curso de pós-graduação, tivemos uma proximidade maior com as iniciativas recentes da Jornada e admiro sua capacidade de priorizar as ações que lidera. Quando o André assume algo, você pode ficar tranquilo porque as ações serão realizadas até o final. Comprovei sua atuação no livro em produção "Jornada Python" e na Jornada Summit 2020.

4. **Bárbara Cabral = Colaboração:** quando sonho com algo novo na Jornada, a primeira pessoa que vem à mente é a Bárbara, que sempre joga junto e não mede esforços para colaborar com resultados incríveis. Além de grande atuação com todas as iniciativas da Jornada, a Bárbara é uma das minhas mentoras quando quero ter novas visões sobre um assunto ou preciso de um *feedback* sobre minhas ações.
5. **Bruno Jardim = Sabedoria:** minha amizade com o Bruno começou em um projeto na SulAmérica e fiquei admirado com sua vontade de aprendizado contínuo e gratidão. Além de colaborar no primeiro livro "Jornada DevOps", escrever novos capítulos, palestrar nos *summits* em 2019/2020, admiro como o Bruno busca aprender novas habilidades com outras pessoas e assumiu rapidamente todo o trabalho de edição e lançamento do JornadaCast.
6. **Carla Krieger = Otimismo:** a Carla é uma das pessoas que eu sempre comento que "chegou chegando" na Jornada. Admiro seu otimismo, que é fundamental para todos que buscam resultados espetaculares. Além de sua atuação na organização da Jornada Globo Day, fiquei fã da Carla com seu otimismo quando tivemos imprevistos no livro "Jornada Business Agility" e avançamos com novas ideias que permitiram um resultado ainda melhor.
7. **Carlos Tristacci = Liderança:** a participação do Carlos com a escrita do *case* da Globo no livro "Jornada do Ágil Escalado" acendeu a chama do maior evento de lançamento (Jornada Globo Day) em 2020. Além de grande parceiro, o Carlos demonstrou elevada capacidade de liderança estratégica em nossos encontros, mobilizou um timaço de palestrantes e indicou pessoas da Globo que contribuíram para nosso evento histórico.
8. **Carol Lucena = Maestria:** minhas interações com a Carol sempre foram positivas e sua chegada na Jornada potencializou as ações criativas com artes e ideias, que são importantes para divulgar nossas iniciativas, que se multiplicam cada vez mais. Além de colaborar nos eventos, sua maestria nas artes contagia nosso time a ir mais longe.
9. **Débora Zapata = Confiança:** conheci a Débora no último evento que palestrei antes da pandemia, em março de 2020, e minha intuição indicava que poderia confiar em sua liderança para assumir várias iniciativas da Jornada. Em pouco tempo, a Débora "chegou chegando" como curadora do histórico livro "Jornada do Ágil Escalado" e também organizou o evento de lançamento da Jornada Globo Day com 1.400 exemplares e mais de 3 mil participantes.
10. **Elaine Manhães = Curiosidade:** a Elaine entrou na Jornada como participante da Jornada Summit e Jornada Learning, com grande interesse de se desenvolver e praticando uma das maiores habilidades para o desenvolvimento profissional, que é a curiosidade. Sua participação como voluntária foi importante para o

sucesso da Jornada Globo Day e continua contribuindo em várias iniciativas da nossa comunidade.

11. **Felipe Oliveira = Comunicação:** além de participar como coautor na Jornada, o Felipe faz parte também do time organizador do futuro livro sobre *Lean* digital. Tivemos uma aproximação maior nos encontros para definir a estrutura inicial do livro antes da reunião com os coautores. Admiro a capacidade de comunicação do Felipe, que fica ligado para não interromper as pessoas e consegue comunicar suas considerações na boa.
12. **Fernanda Reis = Resiliência:** aprendi trabalhando com a Fernandinha na SulAmérica o quanto uma pessoa pode se fortalecer com os desafios que enfrentamos em nossa vida. Admiro sua capacidade de superação com ruas não acessíveis para pessoas com alguma limitação de locomoção. Sua história na Jornada está marcada na revisão profissional do livro "Jornada DevOps" no Carnaval de 2019 e na organização do futuro livro sobre inclusão.
13. **Fernando Mellone = Sinergia:** a participação do Mellone começa no primeiro livro, "Jornada DevOps", com seu capítulo sobre telemetria, monitoramento e observabilidade. Além de ser um grande incentivador do nosso trabalho colaborativo, o Mellone trouxe uma grande sinergia com a sua equipe de trabalho para concretizarmos o nosso mágico evento de lançamento no Rio, com quase 400 pessoas ganhando o livro.
14. **Gean Pereira = Inovação:** conheci o Gean no Summit de Joinville em 2019 e sua participação no *squad* de patrocínio foi fundamental para nossa comunidade em 2020. Além de enriquecer as discussões com ideias relevantes, o Gean trouxe uma nova forma de criar o *media kit* da Jornada para os eventos e colaborou diretamente também nas reuniões com as empresas para alcançar nossa meta de R$ 100 mil de doação em 2020.
15. **Glauce Paiva = Alegria:** além de participar como coautora do livro de produção "Jornada RH Ágil", a Glauce lidera o *squad* que contribui com a recolocação para nossos seguidores e também lidera os episódios de carreira do JornadaCast, o *podcast* da Jornada Colaborativa. Em todas as interações que tive com ela, posso garantir que o sorriso alegre da Glauce contagia todas as equipes e deixa um clima leve que inspira todos nós.
16. **Ibson Cabral = Gratidão:** esse é um dos caras que mais declara gratidão pela Jornada, e acho muito louvável sua atitude, mesmo sabendo que todo o sucesso do Pipoca Ágil é fruto da sua competência, paixão e dedicação. Sua alegria no sorteio no final da Jornada Summit dia 23 de novembro de 2019 nos deixou com uma animação contagiante. Lembro até hoje das minhas risadas incontroláveis e da reação de todos no auditório do Senac no Flamengo.

17. **Ieda Sales = Parceria:** conheci a Ieda na última palestra presencial que fiz no PMI-SP antes da pandemia e fiquei admirado com sua alta capacidade de criar conexões para novas parcerias. No mesmo dia, me apresentou a várias pessoas para avançar com parcerias para a Jornada Colaborativa, o que gerou grandes frutos. A Ieda se tornou grande amiga e participa ativamente da Jornada como coautora e organizadora.
18. **Isabel Coutinho = Amabilidade:** a chegada da Bel na Jornada foi mais uma das grandes indicações da super Analia. Ela rapidamente se tornou uma pessoa bastante querida por todos nós. Adorei sua palestra no Jornada Summit em 2019 e admiro a forma amável como trata todas as pessoas. Além de coautora na Jornada, a Bel também participou do time organizador do livro em produção "Jornada RH Ágil".
19. **Joana Carrasco = Coragem:** a Joana foi minha aluna em um curso de pós-graduação e fiquei muito feliz em reencontrá-la em um *workshop DevOps* em 2019. Conheci um pouco mais da sua trajetória no livro "Jornada Saudável" e fiquei ainda mais seu fã quando assumiu corajosamente a liderança do time organizador. Joana é uma dessas pessoas com uma garra incrível e já participou como palestrante, organizadora de livros e JornadaCast.
20. **Juliana Barros = Serenidade:** a Ju chegou quando ainda estávamos sonhando com a Jornada Summit 2020 para ajudar pessoas atingidas pelo coronavírus. Sua atuação como "Anja" dos palestrantes foi super importante nos 13 sábados. Fiquei fã dessa mulher com cara de menina que escreveu seu nome em nossa história transformando muitas vidas e que contagia com seu brilho nos olhos e nos acalma com sua serenidade.
21. **Juliano Granadeiro = Franqueza:** lembro de uma participação do Juliano no primeiro encontro com os novos coautores do livro "Jornada Ágil do Produto". Sua franqueza nas sugestões em relação à estrutura que estávamos pensando me deixou positivamente impressionado, pois ele teve a habilidade de expor suas opiniões na boa e ao mesmo tempo foi respeitoso com quem pensava diferente. Assumiu a liderança do livro em produção "Jornada RH Ágil" e a organização do Summit.
22. **Júnior Rodrigues = Comprometimento:** sempre que penso em alguém que entrega resultados com alta qualidade e alegria o nome do Júnior vem na minha cabeça. Sua participação na Jornada é bastante intensa e considero uma grande marca a sua liderança no livro "Jornada do Ágil Escalado", que bateu todos os recordes no tempo de escrita, revisão com alta qualidade e lançamento no Gobo Day com 1.400 exemplares.

23. **Luiz Labriola = Adaptabilidade:** o Labriola chegou na Jornada com uma atuação importante na divulgação da Jornada Summit 2020 e colaborou para alcançarmos a meta de doação de R$ 100 mil para 12 instituições. Sua adaptabilidade foi importante para assumir a liderança do time organizador do futuro livro sobre experiência do cliente em função dos imprevistos que foram potencializados pela pandemia também em outros livros.
24. **Luiz Mandarino = Vitalidade:** tive o prazer de conhecer o Mandarino quando palestramos em evento do PMI-Rio e fiquei fã desse cara incrível. Além de completar o desafio do Ironman após os 40 anos de idade, lembro da sua vitalidade como voluntário no lançamento do segundo livro no Rio dia 23 de novembro de 2019. Agradeço sua forte atuação, que permitiu bater nossa meta de R$ 100 mil de doação no Summit 2020.
25. **Karine Cordeiro = Autoconfiança:** conheci a Karine no dia que surgiu a ideia da escrita colaborativa do livro "Jornada DevOps" na PUC Minas. Ela foi uma das primeiras pessoas a aceitar o convite. Estávamos experimentando algumas formas de organizar um pouco a escrita colaborativa e lembro que nomeei, na brincadeira, a Karine como VP de comunicação. Admiro sua autoconfiança. Foi organizadora também do livro em produção "Jornada Python".
26. **Marcos Rodrigues = Atitude:** nosso "Anjo" chegou quando ainda estávamos sonhando com a Jornada Summit 2020 para ajudar pessoas atingidas pelo coronavírus. Sua atuação foi super importante no relacionamento com os palestrantes em 12 sábados consecutivos. Além de sua constante gratidão pela Jornada, fiquei fã do Marcos e seu grande interesse em contribuir com *feedbacks* construtivos para melhoria contínua.
27. **Milena Andrade = Sagacidade:** um café na Starbucks em 2018 foi um divisor de águas para o livro sobre *DevOps* ter iniciado sua trajetória com a Brasport. Eu estava certo de publicar o livro direto na Amazon, mas a forma sagaz com que a Milena sugeriu conversar com o Sérgio me abriu os olhos para a possibilidade de colocar o livro em outro patamar com a revisão profissional de uma editora que há 25 anos publica grandes livros no Brasil.
28. **Monaliza Rosário = Superação:** sabe aquela pessoa que transborda alegria, organização, competência e vibra com as conquistas da Jornada? A Monaliza é uma grande parceira que temos na Brasport e já participou dos nossos lançamentos presenciais comemorando nossas vitórias. Fico super tranquilo com nossas contas na remessa dos livros, pois sua organização, superação e honestidade são sua marca registrada.
29. **Paulo Boccaletti = Dignidade:** ficou claro para mim o quanto o Paulo é fera em agilidade quando ele foi organizador do livro em produção "Jornada RH

Ágil". Admirei sua atitude quando tivemos algumas ações em um livro que passou por problemas com vários capítulos. Após refletir durante a noite, fiquei com a sensação de que a decisão do time não tinha sido justa e o papo na retrospectiva com o Paulo foi super leve e enriquecedor.

30. **Raphael Boldrini = Determinação:** conheci o Raphael antes do lançamento do livro "Jornada DevOps". Ele sempre se colocou à disposição para contribuir em várias iniciativas no início de tudo. Além de escrever capítulos e fazer parte do time facilitador no evento que marcou o início do livro "Jornada Ágil e Digital", fiquei admirado com sua determinação em querer uma vaga para a visita na Aliança dos Cegos em 2020 – que ele conseguiu de tanto me lembrar no WhatsApp.
31. **Renata Carvalho = Assertividade:** lembro da primeira videoaula que criamos juntos há alguns anos sobre gestão de serviços para tecnologia. A Renata sempre se mostrou aquela pessoa bastante objetiva, que conseguia defender suas opiniões de forma respeitosa. Fiquei muito feliz com a chegada da Renata na Jornada, contribuindo como curadora do livro em produção "Jornada RH Ágil" e na organização da Jornada Summit em 2020 e 2021.
32. **Renato Fontes = Evolução:** a conversa inicial com o Renato, depois da palestra na PUC Minas em 2018, foi minha primeira inspiração para a colaboração no livro "Jornada DevOps". Admiro sua evolução contínua. Lembro da emoção dele junto com seu pai no evento de lançamento no Rio em 2019. Sou fã da sua consideração e amizade, que já ultrapassou a Jornada, indicando meu nome para palestras e *workshops* na Oi e aulas no IGTI.
33. **Roan Brasil Monteiro = Empolgação:** desde a primeira conversa, gostei da forma empolgada do Roan ao sugerir um livro sobre microsserviços. Como ele foi indicado pelo grande Moutinho, que é um amigo que respeito muito, não tive dúvidas de que seria mais uma boa iniciativa na Jornada. Confirmando a imagem que tinha do Roan, recebi outra sugestão empolgada dele para incluir a sala de carreiras na Jornada Summit – 'bora de novo!
34. **Rodrigo Moutinho = Credibilidade:** essa grande amizade nasceu no livro "Jornada DevOps". Vibramos juntos com muita experimentação e resultados incríveis. Além de ser uma pessoa super do bem, quando esse cara se compromete com algo, você pode ficar tranquilo porque sua credibilidade é admirável. Seu crédito já era grande pela forte dedicação no livro "Jornada DevOps" e aumentou ainda mais com sua atuação no livro "Jornada Java".
35. **Rodrigo Santos = Visão:** o Rodrigo foi a primeira pessoa em quem confiei desde o início para dividir a escrita do livro "Jornada DevOps". Graças à sua indicação, decidimos ir para o evento na PUC Minas, onde a magia colaborativa começou. O Rodrigo tem uma visão de futuro privilegiada, tornou-se um dos

primeiros certificados DPO no Brasil e está formando grandes especialistas em privacidade com a formação oficial do EXIN pela AdaptNow.

36. **Sandro Giacomozzi = Dinamismo:** recebi o convite do Sandro para levar o *workshop* Jornada DevOps para a TOTVS em Joinville e fiquei extremamente impressionado com sua capacidade de mobilização, com uma turma de quase 80 participantes, um recorde de pessoas simultâneas nessa capacitação. A dinâmica de suas ações é admirável, tendo sido organizador do livro "Jornada Java" e liderado o evento de lançamento.
37. **Tatiana Escovedo = Diversão:** conheci a Tatiana no primeiro *workshop* Jornada DevOps que fiz no Rio em 2019, e seu brilho nos olhos me deixou animado para trabalhar juntos em outras iniciativas. Uma de suas marcas é o modo leve e divertido como leva suas ações, contagiando todos que estão ao seu redor. Na Jornada, trabalhou ativamente como coautora, palestrante, organizadora e coautora de livros.
38. **Tiago Jensen = Bondade:** conheci o Tiago no Summit de Joinville em 2019. Sua liderança no *squad* de comunidades amigas foi fundamental para o sucesso da sala que fizemos na Jornada Globo Day no final de 2020. Uma de suas marcas é a bondade no tratamento com as pessoas. Quando estive em Joinville, lembro o quanto ele fez questão que eu aceitasse sua carona até o hotel.
39. **Vanesa Bustamante = Inspiração:** em uma das atividades de um treinamento para líderes na SulAmérica, escolhemos algumas pessoas que admiramos para dar um *feedback* sobre nosso perfil, via WhatsApp, na hora. A resposta da Vanesa tinha uma provocação: "pode se posicionar mais quando acredita em algo". Essa mensagem me fez refletir que poderia ousar mais, e tenho convicção de que foi uma das sementes para sonhar tão alto. Fiquei ainda mais fã dessa amiga, que na Jornada se tornou coautora e palestrante super admirada.
40. **Victor Gonçalves = Escuta ativa:** a forma como o Victor se liga no que você fala é impressionante. Lembro dessa característica nas várias interações que tivemos durante as iniciativas dos livros e eventos. Uma das marcas do Victor na Jornada foi a sua atuação exemplar no livro "Jornada Ágil de Liderança" e as grandes ideias inovadoras, como o Manifesto Ágil da Liderança no Mundo Digital e a gravação dos vídeos que fizemos juntos com o Júnior.
41. **Wagner Drumond = Generosidade:** através do convite do amigo Júnior Rodrigues para palestrar no ConAgile em 2019, conheci o Wagner. Considero que esse cara é uma das pessoas mais generosas que já conheci na vida. Faço o melhor que posso para expressar a gratidão, mas não tenho palavras para agradecer toda a confiança e parceria desta pessoa incrível que contribuiu diretamente para a concretização de grandes sonhos, como os 13 sábados da Jornada Summit Online, Jornada Globo Day, JornadaCast, etc., etc.

A troca de experiências com essas pessoas amigas, que são feras em suas áreas de atuação, fortalece continuamente meu repertório, aumenta minha energia para novas iniciativas e me transforma em uma pessoa melhor a cada dia.

A boa notícia é que você poderá conferir, nos próximos capítulos, dicas práticas com essas pessoas especiais, que servirão como mentoria com feras que praticam atitudes tão importantes no mundo atual.

Mais do que conhecer atitudes e comportamentos importantes para potencializar a colaboração dos times, sugiro que reflita como cada capítulo, escrito por pessoas de carne e osso, pode inspirar sua vida.

Você será uma pessoa melhor ao se espelhar nas histórias que mais se conectam ao seu contexto e personalidade. Aproveite cada momento para refletir como adaptar essas ações em sua vida.

Acredito que algumas lágrimas podem surgir, como foi o meu caso ao revisar experiências tão ricas dessas pessoas que concretizam seus sonhos e contribuem voluntariamente na Jornada para mudar o mundo com ações concretas, em vez de ficar na inércia reclamando do coleguinha, chefe, empresa ou governo.

PARTE IV. ATITUDES DE TIMES COLABORATIVOS NA PRÁTICA

11. Colaboração

Bárbara Cabral

Segundo o dicionário Aulete Digital, colaboração "é a ação ou resultado de colaborar, de prestar ajuda em algo, de participar na realização de algo". Ele é a junção da ação de cooperar com outros para a realização de algo bem como prestar auxílio ou suporte. Ou seja, a colaboração é o resultado de um esforço conjunto de várias pessoas em uma determinada direção ou com um determinado propósito.

E foi colaborando que iniciei a minha história na Jornada, e fico feliz de poder compartilhar um pouco do que foi esse encontro antes mesmo de aprofundar um pouco mais na essência dessa palavra que tem um significado especial para mim e pelo qual eu jamais imaginei, três anos atrás, que assim seria conhecida.

Eu sempre tive o sonho de escrever um livro, mas isso estava muito distante de mim. Eu até já tinha ido ao evento Agile Trends e lá eu conheci o Fábio Cruz, que já tem livros publicados na área de agilidade também pela Brasport. Conversei brevemente com ele e peguei seu contato, depois ele me passou o contato da editora. Mas mesmo já sendo palestrante e tendo conteúdo para compartilhar, eu não me sentia segura de escrever um livro inteiramente meu.

Quando veio o convite do Antonio Muniz pelo LinkedIn, eu estranhei a ideia e também o fato de ele não me conhecer. Como eu já estava com isso na cabeça, achei meio "doida" a ideia, mas decidi entrar para ver o que era especificamente. Então eu acessei o *link* que caía direto em uma planilha com vários nomes, alguns deles bem conhecidos na área de TI e qualidade, da qual eu sou especialista. Na sequência, quando coloquei meus dados, fui adicionada a um grupo de WhatsApp.

Eu achei bem interessante a ideia e me passou pela cabeça o seguinte pensamento: "por que eu deveria escrever um livro onde meu nome não estaria na capa?". Essa pergunta ficou martelando algum tempo na minha cabeça... depois de ver várias mensagens no grupo e o baixo engajamento do pessoal, decidi fazer o curso que o

Muniz tinha nos indicado para saber mais sobre o conteúdo que eu já estava estudando há algum tempo.

Nesse conteúdo eu comecei a aprender um pouco mais da cultura *DevOps* e descobri que o Muniz tinha o mesmo *mindset* que eu de trazer mais "humanidade" para as relações dentro da área de TI na qual eu vivo há mais de 17 anos e onde eu observei muitas pessoas depressivas, abusos e outras situações não muito legais. Concluí que era um conteúdo que o "mundo" precisava conhecer e que, independentemente de eu ter um nome na capa ou não, eu poderia de fato ser uma "daquelas" pessoas que poderia mudar as vidas das pessoas através do conhecimento.

Outra reflexão que tive na época foi se eu de fato queria realizar meu sonho de escrever um livro com meu nome na capa e, orando, essa voz interior (que eu chamo de Espírito Santo) me questionou: "tudo bem, você quer que seu sonho seja realizado, mas por que você não começa realizando o sonho de outra pessoa?". Isso me animou muito e decidi: "sim, por que não tornar realidade o sonho do Muniz?". Em seguida, decidi montar um time junto com a Analia Irigoyen e o Eduardo Gomes.

Eu percebi que a única forma de motivar o time do livro era que a primeira pessoa tivesse coragem e motivação para entregar o primeiro capítulo. Afinal, subir uma grande escada começa sempre com um pequeno primeiro passo em um degrau. Decidi que nós seríamos o time a entregar primeiro! Chamei o time para uma reunião inicial. A Analia foi a primeira a chegar e já estava com "sangue no olho" para começar a escrever. Ela já veio dando várias ideias... olhei bem dentro do olho dela e disse muito calmamente: "Tudo bem, Analia, como você vai?" junto com um sorriso. Eu jamais imaginava que a Analia era empresária e que tinha muitas responsabilidades como sócia da Promove. Aí continuei a conversa perguntando sobre onde ela morava e falando de mim, perguntei de sua família e aí começou nossa amizade. Eu me sinto feliz e orgulhosa de que a Analia tenha se destacado tanto no livro que foi parar "na capa" dele pelo excelente trabalho e tamanha dedicação.

Logo depois surgiram outros livros e aos poucos fui colaborando também em outras frentes, seja liderando ou sendo liderada. No início eu ainda não me sentia segura para liderar um livro e aos poucos fui aprendendo com os grandes líderes da Jornada e com o Muniz como fazer isso dar certo. Participei como coautora do livro "Jornada Ágil e Digital" e depois fui convidada pelo Muniz e pela Carol Villas Boas para ser curadora do livro "Jornada Ágil de Qualidade". Entrei como coautora em vários outros livros e como curadora no futuro livro sobre inovação. Fui aprimorando meus *skills* de liderança até conseguir alcançar a segurança para me tornar organizadora líder do futuro livro sobre trabalho remoto, que, em meio à pandemia, me marcou muito. O propósito e o engajamento do time foram essenciais.

Estar dentro de um propósito é unir de fato seus sonhos com os sonhos de outras pessoas. É colaborar para que o sonho de outra pessoa seja realizado. Dessa forma, o universo, Deus ou forças positivas, como você quiser chamar, se encarrega de realizar os seus sonhos. Muitas vezes esse sonho começa com uma pessoa e só é necessário que mais uma creia para que ele comece a se tornar realidade!

Logo, como nasce a colaboração? Na minha humilde opinião, ela nasce de um desprendimento total ou parcial do "ego" e do "eu" para "nós". De abraçar sonhos e propósitos de outras pessoas e fazer com que eles se tornem realidade.

Princípios da colaboração

A colaboração acontece através da doação com ajuda mútua e não acontece individualmente, ou seja, a soma das partes não forma o todo se eles não estiverem em sinergia. Dessa forma, um grupo de pessoas pode estar unido para determinado propósito; no entanto, estar competindo entre si por respeito, admiração ou reconhecimento definitivamente não é a essência da colaboração.

A colaboração parte de indivíduos que pensam no bem comum antes dos seus próprios desejos e/ou interesses, colocando em primeiro lugar o grupo e a meta, objetivo que o grupo traça através de seu propósito.

Colaborar é também perceber quando surge alguém mais capacitado e com mais disponibilidade para realizar uma ação e dar liberdade para que um melhor resultado venha a ser alcançado pelo grupo. Em vez de barrar esse indivíduo para não perder o poder, pessoas colaborativas gentilmente cedem espaço e confiam que os novos integrantes continuarão fazendo o melhor para o grupo. Enquanto isso, os integrantes mais experientes podem focar em buscar outras frentes de atuação para liderar e/ou apoiar.

Podemos ousar dizer que a colaboração "rema" em direção oposta à hierarquia de poder relacionada ao comando e controle. Não afirmo que comando e controle não sejam necessários para colocar o grupo no eixo, portanto, nesse cenário indivíduos colaborativos percebem a mudança de direção e se adequam. Eles não só confiam na liderança, como também no propósito ao redor do qual o grupo se reuniu.

As pessoas mais colaborativas que conheço dentro da Jornada são as que mais admiro. Elas não disputam espaço com ninguém, elas cedem quando necessário e não se importam em exaltar o colega e elogiá-lo quando admiram aquilo que ele está realizando.

Dentro da cultura *DevOps* também há princípios da colaboração. Para desenvolver o software, é preciso que todos estejam envolvidos e interessados em entregar e, para isso, não importa tanto o resultado individual, mas o sentimento de orgulho da entrega do todo: software funcionando. Engenheiros de software que trabalham juntos em prol de um objetivo comum também aprendem mais com pessoas especialistas e acabam enriquecendo e agregando mais conhecimento em seus currículos.

Pessoas colaborativas são as que mais aprendem devido ao fato de realizar uma ação, ceder espaço para outra pessoa e aprender com ela como ter feito aquilo melhor. É muito mais produtivo aprender dessa forma do que assistir a horas de treinamento ou ficar batendo a cabeça sozinho. São em posições de observação que você consegue ter novas ideias e encontrar alternativas para problemas existentes.

Geralmente crianças tendem a ser mais colaborativas; elas aprendem aprendendo. Simples assim: observando, absorvendo e repetindo. Imagine que você está dentro de uma roda gigante a girar. Você gira com ela, mas não consegue perceber o que a faz mover. Quando você cede espaço a outro para se divertir na roda gigante, você pode sair e olhar mais de longe para a dinâmica e perceber como todos se divertem de forma diferente, têm expressões, gestos e palavras diferentes. Dessa forma você aprende, você se alegra vendo outros se divertirem e, logo mais, você começa a aprender sobre a mecânica de como a roda gigante funciona. Logo mais, você vai poder ensinar aos outros que estão entrando na roda gigante, vai poder conversar com quem opera e vai ter tempo até para começar a observar os ajustes necessários para que ela opere com mais eficiência. Essa é a beleza de ceder o seu espaço na roda para que todos possam se divertir.

Pessoas colaborativas amam ver como as pessoas fazem as coisas. Elas não se sentem melhores ou maiores por isso, muito menos menores ou piores. Elas sentem que fazem parte de um propósito maior e se sentem muito menos individualistas quando cedem espaço.

É natural que pessoas colaborativas também tenham seus interesses pessoais, mas geralmente eles se adequam aos objetivos coletivos do grupo. E elas também amam ensinar outras pessoas e têm um pensamento de encantamento ao deparar com ações que podem transformar ou melhorar o mundo real de alguma forma. Elas traduzem valores em ações, são pessoas determinadas, capazes e influentes.

As comunidades, sejam elas quais forem, nascem do desejo intrínseco do bem comum. Logo, naturalmente atraem pessoas que precisam e querem ajuda. Quando essas pessoas recebem ajuda, é quase como um vírus que você adquire rapidamente e não consegue deixar de participar ou retribuir e passar adiante como uma verdadeira "corrente do bem".

Em um mundo tão incompreensível, frágil e não linear, a inteligência coletiva é muito mais poderosa do que a inteligência individual. Um *insight* pode ser a faísca para grandes projetos. Permitir que as pessoas tenham a liberdade de se expressar e agir pode liberar um desejo nos demais em fazer parte da mesma iniciativa. Muitas vezes é assim que na Jornada pessoas mobilizam outras para resolver problemas simples e complexos. Pessoas colaborativas identificam o que elas podem apoiar e se dedicam a fazer dar certo.

Summit on-line 2020

Com a pandemia de COVID-19, os planos de realizar eventos de lançamento dos nossos livros foram por água abaixo e também o grande evento que eu estava coordenando em Florianópolis que já estava sendo divulgado e já tinha local e patrocínio: foi um baque pra mim, bem como para o Muniz e para muitas pessoas da Jornada.

Então nossa única opção era fazer algum tipo de lançamento *on-line*, até que o Muniz surgiu com a ideia "maluca" de fazer 12 sábados em sequência com eventos. Logo na primeira reunião o Muniz me convidou para liderar as ações de divulgação, visto que eu estava fazendo um bom trabalho com a divulgação de Floripa.

A meta era agressiva: arrecadar mais de R$ 100 mil reais para pessoas afetadas pela crise do COVID-19, pessoas que imediatamente ficaram sem empregos e grandes comunidades que não tinham alimentos ou itens de higiene.

Então o desafio era fazer todo o esforço de divulgação que eu estava acostumada a fazer em dois meses em apenas duas semanas. Isso jamais teria acontecido sem um time que se engajou fortemente no Summit e respirou colaboração e propósito durante os quase cinco meses de eventos.

Inicialmente tivemos a ideia de criar uma tribo de divulgação com *squads* por rede social. Esse modelo inicialmente pareceu ser uma boa ideia, mas percebemos depois de um tempo que talvez o *squad* devesse ser por tema e não por rede social. Apenas o *squad* de comunidade permaneceu e hoje é um time que cresceu e se desenvolveu depois de identificarmos líderes que decidiram tocar essa frente. Também nasceu o *squad* de recolocação, que depois se tornou o time "Jornada Jobs" e também o *squad* de universidades, que não se engajou tanto e acabou sendo descontinuado pelos líderes.

Faz parte do aprendizado perder e ganhar, iterar e pivotar caso algumas coisas não deem certo. Entendemos que, naquele momento, o mais importante não era "como" as coisas estavam sendo organizadas, mas, sim, "como" podíamos manter as pessoas motivadas e engajadas com o propósito até o final.

Vou compartilhar alguns princípios que nos ajudaram a manter o time engajado:

1. **Exponha ao time o propósito:** explique de forma detalhada qual o objetivo a ser alcançado e por que alcançar esse objetivo é importante. Evite dar soluções prontas ou ditar ordem de como as coisas devem ser feitas. Tente usar palavras épicas para mostrar a elas que não estamos tentando alcançar algo trivial. Demonstre que o objetivo é nobre e que o resultado final impactará positivamente a vida de muitas pessoas. Perceba aos poucos as pessoas ficando motivadas e seus olhos começarem a brilhar. Essa é a etapa da motivação inicial.
2. **Escute ativamente:** dê um espaço para perguntar às pessoas quais ideias o time pode levar adiante para alcançar mais pessoas. Certifique-se de que todas sejam ouvidas e fale palavras positivas para incentivar ainda mais boas ideias. Tente não cortar ninguém quando está falando; se a ideia for individualista demais, apenas escute e não responda, se a ideia for colaborativa, lance palavras positivas, acrescente algo ou deixe que outras pessoas falem. O processo de discussão acaba se tornando natural e aos poucos o time vai entendendo que precisa pensar e agir como time.
3. **Comece pequeno e vá iterando:** geralmente quem deu a ideia é o dono da ideia, ou seja, é a pessoa que vai ter a missão de colocar a ideia em prática. Isso evita de o time dar ideias que não são possíveis, praticáveis ou muito trabalhosas. Dê oportunidade para quem teve a ideia de liderar a frente e não se sinta inseguro se outra pessoa decidir naquele momento liderar alguma ação. Enxergue você mesmo como apoiador e colaborador do líder, se envergue como mentor e ajude a conseguir ferramentas e recursos para ajudar a fazer acontecer.
4. **Faça amizades:** tenha um relacionamento aberto e de confiança com as pessoas. Trate-as como amigos, parceiros, ou mesmo considere-as como parte

de sua família. Dê suporte em tudo! Forneça a ajuda necessária para que a missão seja cumprida.

5. **Dê o exemplo:** se algo não for feito, ajude a pessoa ou mesmo faça você mesmo e mostre à pessoa que está ajudando e que tudo bem se ela falhar em algum momento. Se as pessoas não souberem fazer algo, torne mais simples, faça você mesmo e depois ensine alguém a fazer o mesmo. Geralmente as pessoas querem demonstrar que são boas em algo e acabam complicando um pouco... mostre que está feliz com o feito e que aos poucos vamos melhorando para alcançar o "perfeito".
6. **Identifique as habilidades das pessoas:** aos poucos as pessoas vão mostrando suas habilidades e você vai percebendo em quais frentes elas podem contribuir melhor. Deixe as pessoas à vontade para identificar seus próprios talentos e dê liberdade para que elas possam florescer e despontar em alguma das frentes.
7. **Engaje o time:** tente sempre lembrar o propósito do time no início da reunião ou sempre que sentir que as discussões ou as ideias estão "saindo dos trilhos". Não esqueça de, no meio do processo, agradecer em todo o momento pequenas ações e falar palavras de incentivo.
8. **Descanso é importante!** Quando um atleta corre uma maratona inteira, ele sempre tem um período de descanso. Estabeleça períodos de pausas nas ações para que o time descanse sem interrupção alguma e depois retome com um novo gás. Um exemplo disso foi termos reuniões da tribo de divulgação toda segunda-feira e as ações de divulgação rolarem durante a semana. Como o evento era no sábado, combinamos que domingo ninguém iria trabalhar nem postar nada nos grupos, para que o time descansasse até segunda-feira à noite.

Também foram esses princípios que nortearam nosso trabalho no livro sobre trabalho remoto. Decidimos que, em vez de deixarmos a revisão final para os curadores antes de encaminhar para a editora (o que iria demandar muito tempo e esforço), criamos uma posição de "revisor" onde coautores puderam se destacar realizando ajustes finos na bibliografia e na revisão das imagens para a editora. Isso jamais teria acontecido sem a brilhante ideia da Elaine Manhães de um *checklist* que se complementou com a ideia da nossa curadora e amiga Carla Krieger de criar o perfil de revisores no livro, que ela trouxe através de uma experiência com o "Jornada Business Agility". Essa experiência colaborativa nos retirou novamente da posição "comando-controle" para uma ideia ainda melhor e mais colaborativa. Além disso, foi no processo de escrita colaborativa que pudemos presentear o Alessandro Reis como curador e a Marcelle Cury como curadora pelo excelente desempenho nas revisões finais do livro e por terem atitudes de "donos" do livro.

Por fim, decida **você** ser uma pessoa colaborativa. À medida que você mesmo coopera com outras pessoas, você conquista a sua atenção, seu respeito, amizade e lealdade. Mantenha-se sempre leal ao propósito do grupo, mesmo que você tenha que deixar o seu ego de lado para isso. A recompensa não está em ser "melhor do que as outras pessoas", a recompensa está em ser "melhor para outras pessoas".

Referência

AULETE DIGITAL. **Colaboração.** Disponível em: <https://www.aulete.com.br/colabora%C3%A7%C3%A3o>. Acesso em: 16 mar. 2021.

12. Humildade

Analia Irigoyen

Recebi a missão de escrever sobre esta importante qualidade, que deve estar presente em qualquer trabalho colaborativo, seja ele profissional ou não.

Tomei a liberdade de procurar no Google, de forma aleatória, o significado de humildade e encontrei algumas excelentes definições dentro desse contexto: ou seriam reflexões?

> *Humildade é a qualidade de quem age com simplicidade, uma característica das pessoas que sabem assumir as suas responsabilidades, sem arrogância, prepotência ou soberba. (SIGNIFICADOS, s.d.)*
>
> *Qualidade de quem é modesto, simples, humilde; simplicidade. Qualidade de quem tem consciência de suas limitações; modéstia. (DICIONÁRIO ONLINE DE PORTUGUÊS, s.d.)*
>
> *Em que há ou demonstra fraqueza diante de algo ou alguém; inferioridade. Que expressa submissão em relação aos seus superiores; acatamento. (DICIONÁRIO ONLINE DE PORTUGUÊS, s.d.)*
>
> *Escassez de luxo; falta de brilho; sobriedade: a humildade de suas vestes. (DICIONÁRIO ONLINE DE PORTUGUÊS, s.d.)*

É possível perceber, por esses exemplos, que nem sempre o significado da palavra "humildade" é interpretado como algo agradável ou uma característica favorável. Mesmo assim, posso garantir que em qualquer trabalho colaborativo a humildade necessária para o time está relacionada com a simplicidade de assumir as suas responsabilidades sem prepotência e arrogância, e isso só é possível quando somos conhecedores de nossas limitações. E isso é um fato: quanto mais trabalho de forma colaborativa, eu entendo mais o quanto sou limitada e o quanto tenho a aprender.

Depois que entrei na Jornada Colaborativa e mergulhei nesse mundo onde o trabalho além de colaborativo é voluntário, colecionei algumas frases favoritas, e uma delas é: quanto mais aprendo, quanto mais conheço pessoas que conhecem um determinado assunto, mais sei que nada sei e que existe um enorme caminho de aprendizado a ser trilhado. Como diria o pensador Sócrates: "só sei que nada sei".

E pensar isso me deixa cada vez mais simples, mais ouvinte e mais motivada a aprender. E quando você percebe, já está no caminho da "melhoria contínua até a perfeição", que nunca vai chegar (pode ter certeza). E não é por acaso que a "melhoria contínua até a perfeição" é um dos mais importantes princípios considerados pelo *framework* de escalamento do ágil *LeSS* (LESS, s.d.). E adivinhe? O *framework LeSS* prega a simplicidade não só no nome dados pelos seus autores, mas o "simples" está espalhado em todos os guias, orientações, ferramentas e artefatos.

Pensar em simplicidade também é pensar *Lean* (RIES, 2011). Um dos sete princípios do desenvolvimento *Lean* de software é ampliar conhecimentos e eliminar desperdícios.

Será que seria uma demonstração de fraqueza ou inferioridade perante os outros, que naturalmente esperam que os líderes sejam uma referência de conhecimento?

Acredito que não, pelos motivos descritos a seguir:

1. O capítulo de andragogia, do segundo livro colaborativo de que participei, "Jornada Ágil e Digital" (MUNIZ; IRIGOYEN, 2019), me fez enxergar o aprendizado na fase adulta com outros olhos: nós adultos aprendemos mais com a troca de experiência do que em aulas expositivas. Quando somos arrogantes e prepotentes costumamos falar mais do que ouvir e essa atitude prejudica a troca; em muitas vezes cala o outro por intimidação e não por estar de acordo com o seu discurso. Escutar a experiência do outro é uma relação "ganha-ganha" de aprendizado: o melhor dos cenários.
2. Aprendi que um dos importantes componentes da boa comunicação (CNV – Comunicação Não Violenta) é o "observar sem julgar", um dos capítulos que também constam no livro "Jornada Ágil e Digital" (MUNIZ; IRIGOYEN, 2019). A humildade potencializa o ato de observar o que está de fato acontecendo em uma situação: o que estamos vendo os outros dizerem ou fazerem é enriquecedor ou não para nossa vida? Ser capaz de articular essa observação sem fazer nenhum julgamento ou avaliação é uma dádiva divina. Não é fácil, mas, a cada passo nessa direção, todos do time são beneficiados.

3. Todos nós temos algo a aprender e a contribuir, independentemente do quanto você possui de experiência na vida ou em um determinado assunto. Os questionamentos de quem está começando são importantes fontes de aprendizado e consolidação do nosso próprio conhecimento.

Enxergo a humildade como uma qualidade (sim, é algo positivo) necessária não só na liderança dos times, mas em todos os que estão trabalhando para alcançar colaborativamente um objetivo comum (seja ele qual for).

E, por último, não existe "falta de brilho" quando alcançamos o objetivo final, cada um contribuindo com o que sabe e com o que pode. O brilho nos olhos com o valor agregado entregue e a sensação de dever cumprido, que nunca poderia ter sido alcançado com tanta qualidade e maestria sem a contribuição de cada um do seu time, são viciantes.

Tenho certeza de que, a cada livro entregue, a sensação de orgulho com o aprendizado obtido colaborativamente é muito melhor, infinitas vezes, do que ser uma referência técnica individual comum que não busca mais aprendizado porque supostamente já chegou ao topo.

Prefiro mil vezes a humildade na busca eterna pela melhoria contínua. Vamos juntos?

Referências

DICIONÁRIO ONLINE DE PORTUGUÊS. **Significado de Humildade.** Disponível em: <https://www.dicio.com.br/humildade/>. Acesso em: 16 mar. 2021.

LESS. **LeSS Framework.** Disponível em: <https://less.works/less/framework/index>. Acesso em: 16 mar. 2021.

MUNIZ, Antonio; IRIGOYEN, Analia. **Jornada Ágil e Digital.** Rio de Janeiro: Brasport, 2019.

RIES, Eric. **The Lean Startup:** how today's entrepreneurs use continuous innovation to create radically successful businesses. New York: Crown Publishing, 2011.

ROSENBERG, Marshall B. **Comunicação Não-violenta:** técnicas para aprimorar relacionamentos pessoais e profissionais. São Paulo: Ágora, 2006.

SIGNIFICADOS. **Significado de Humildade.** Disponível em: <https://www.significados.com.br/humildade/>. Acesso em: 16 mar. 2021.

13. Liderança

Carlos Tristacci

Se vi mais do que os outros, foi porque me apoiei no ombro de gigantes – Isaac Newton

Você consegue o melhor dos outros quando dá o melhor de si – Harry Firestone

Nenhum homem se tornará um grande líder se quiser fazer tudo sozinho ou ficar com todo o crédito – Andrew Carnegie

A Jornada Colaborativa para mim é um dos melhores exemplos de como uma liderança inspiradora pode reunir pessoas para realizar algo extraordinário. Uma liderança que convidou as pessoas a compartilhar suas paixões. E acredito que não há nada mais poderoso do que dar a oportunidade de as pessoas escreverem e falarem sobre aquilo pelo qual são apaixonadas. Pois essa é uma das melhores formas de elevar as pessoas – dar voz a elas – e permitir que elas sejam escutadas, valorizando-as por aquilo que pensam, por suas aspirações e ideias.

Parte do trabalho do líder é despertar a grandeza em pessoas que, muitas vezes, nunca enxergaram grandeza em si mesmas. Quando isso é feito, o líder estará fazendo a diferença na vida das pessoas e, de repente, se verá cercado de pessoas engajadas, cheias de energia, trabalhando com o mais alto nível de sua capacidade.

A Jornada Colaborativa é o grupo de pessoas com um dos maiores níveis de energia com que já tive a oportunidade de conviver. Refletindo sobre isso e avaliando o comportamento das pessoas umas com as outras, percebi que muito disso se deve ao fato de as pessoas reconhecerem e serem reconhecidas, constantemente, mesmo pelas menores coisas que fazem. Isso é algo essencial, as pessoas gostam de estar com pessoas em quem confiam, que as fazem se sentir especiais. Quando isso é natural e verdadeiro, elas começam a ver que as pessoas realmente se importam, que desejam vê-las vencer. Em troca, elas dão o melhor de si.

Se o líder quiser vencer, ele precisa ajudar os outros a vencer. Quando isso ocorre genuinamente, as pessoas fazem de tudo para ajudar o líder. E é importante ressaltar que o líder ajuda as pessoas a conquistar mais como equipe do que conquistariam sozinhas. Afinal, nada especial é realizado sozinho. E quanto maior o objetivo, mais você vai precisar da ajuda de outras pessoas para realizar sua missão. Por isso, quando reflito sobre o sucesso que experimentamos com os livros e com os eventos da Jornada Colaborativa, eu acredito que foi graças a essa poderosa comunidade de relacionamentos que foi construída. Em outras palavras, conquistamos diversas vitórias porque trabalhamos de mãos dadas.

Alcançamos nosso sucesso por causa da tremenda colaboração e da sensação de estarmos juntos na empreitada, todos focados em algum resultado inspirador.

Para que algo assim aconteça, o líder tem um papel fundamental, pois é aquele que sempre dá o primeiro passo, aquele que abre o caminho, mostrando a direção. O ato de dar inicia o processo de receber. Se quiser apoio, dê mais apoio. Se quiser reconhecimento, dê mais reconhecimento. Se quiser mais respeito, precisa respeitar primeiro. E tudo voltará para você em um fluxo. Isso fortalece os relacionamentos, e quanto mais profundos esses relacionamentos, mais poderosa sua liderança.

Em resumo, o papel do líder é apontar a direção, dando propósito para as pessoas e as orientando sobre como chegar lá, fazendo com que acreditem que têm um potencial que nem elas mesmas, muitas vezes, acreditavam que tinham. E assim entregam seu melhor, criando muitas coisas incríveis.

14. Inspiração

Vanesa Bustamante

Em 2006 recebi um convite desafiador para ser coordenadora de desenvolvimento de sistemas em uma grande empresa. Eu sabia desde o início que me realizaria pessoal e profissionalmente nesse novo desafio porque eu gosto de "gente", mas logo os medos e inseguranças apareceram porque minha formação sempre foi técnica e eu particularmente sempre gostei de programação. Essa mudança poderia não funcionar e seria um caminho sem volta.

Fui então atrás de um curso sobre gestão de pessoas e lideranças (IBMEC) e na minha carta de apresentação eu deveria explicar o motivo do meu interesse nesse curso, pois a procura era grande e as vagas limitadas. Lembro que escrevi: "sou a mais jovem do time, conheço menos do que as pessoas que vou liderar, tenho menos tempo de empresa, como fazer para que essas pessoas queiram trabalhar comigo, vejam valor na Vanesa e entendam que eu posso contribuir com elas?".

Hoje eu lembro desse episódio e penso que naquela época eu estava no caminho certo... o principal motivo para ser um gestor eu já tinha... fazer a diferença na vida das pessoas e agregar valor. Eu estava buscando técnicas e ferramentas para fazer meu trabalho com qualidade, mas o principal já existia... ter a consciência de que devemos buscar a nossa melhor versão e investir na nossa evolução contínua antes de querer influenciar os demais.

De lá pra cá muitas coisas aconteceram na minha vida, muitos *feedbacks* foram dados e recebidos e a cada degrau que eu fui crescendo profissionalmente sempre vinha a mesma pergunta de 2006:

— Como fazer para que estas pessoas queiram trabalhar comigo, vejam valor na Vanesa e entendam que eu posso contribuir com elas?

Vieram então outras perguntas cada vez mais importantes:

— Se eu aceitar essa nova posição ou esse novo desafio, o que eu vou poder fazer com ele? Vou aumentar o meu campo de atuação? Vou ter mais autonomia? Vou poder ajudar mais pessoas? Vou poder fazer a diferença na vida delas?

Nós gastamos uma parte significativa da nossa vida trabalhando ou inseridos em um ambiente de trabalho. Então, como aproveitar esse tempo das pessoas, e inclusive o meu próprio tempo, para evoluir, trabalhar as nossas competências, desenvolver novos talentos, ajudar os colegas a trabalhar melhor em equipe, a ser melhores pais, melhores mães, melhores filhos para uma sociedade que está por vir, melhorar a comunicação, aumentar a confiança, sair do automático, refletir se estamos aonde gostaríamos de estar – e, se não estamos, o que aconteceu?

E como isso tudo se encaixa na Jornada? Meu querido amigo Muniz e eu trabalhávamos na mesma empresa. Apesar do pouco contato, sempre tivemos uma sinergia ótima. Sabe aquela frase que diz que o bem atrai o bem?

Foi num dos nossos cafés da manhã em que conversamos sobre propósito de vida, liderança e gestão que surgiu o assunto Jornada, a escrita do livro de forma colaborativa e o convite para fazer parte desse projeto maravilhoso.

Achei fantástica a ideia de falar sobre colaboração, comunicação em ambiente seguro, como promover e incentivar o trabalho sustentável em equipe, dentre outros tópicos. Nem preciso dizer que aceitei mesmo sem saber muito bem como seria, e cá estou eu!

Tive o imenso prazer de escrever sobre o que acredito, conheci pessoas fantásticas, experimentei na prática tudo aquilo que a Jornada se propunha e aí veio mais um desafio: fazer as palestras!!

Lembro que separei em tópicos as principais mensagens que gostaria de passar aos presentes no evento, mas, sendo honesta, pensei que seria chover no molhado porque não havia muito mistério naquilo... provavelmente seria o dia a dia das pessoas. Não, não era, pelo menos não para todos – e o mais bacana... o público era dos mais diversos.

É impressionante o que podemos fazer e a abrangência das nossas palavras quando ecoam nas pessoas. Percebi que houve uma conexão, as pessoas se identificaram com a palestra, elogiaram, agradeceram e isso me fez sentir que poderia fazer mais.

Aceitei participar de mais alguns encontros e hoje estou aqui contando um pouco dessa trajetória.

Como mensagem final, digo a você:

1. Seja incentivador de pessoas; a cada dia pense o que podemos fazer para contribuir positivamente uns com os outros. Busque sua melhor versão e compartilhe com os demais, saia do automático mesmo quando as coisas estão bem e dentro do planejado.
2. Você pode deparar com um "Muniz" planejando uma nova Jornada Colaborativa – e se não tiver tempo para desacelerar, ouvir atentamente e incentivar essas iniciativas, pode perder oportunidades mágicas que vão acrescentar à sua vida e à vida dos demais.
3. Use o tempo de forma construtiva. Lembre-se de que ele não volta atrás e cada dia é uma nova chance de fazer a diferença na vida das pessoas, inclusive na nossa.

Por fim, me despeço agradecendo a oportunidade de mais uma vez fazer parte desse projeto maravilhoso. Muniz, difícil escrever sobre como inspirar as pessoas, sendo você uma das pessoas que me inspira e incentiva a sempre falar sobre o que eu acredito e me faz querer voar mais alto.

Muito obrigada, meu amigo! #gratidão

15. Sinergia

Fernando Mellone

Plantar uma árvore, ter um filho e escrever um livro – seria essa uma filosofia universal para todos os mortais? Sinceramente, acho pouco provável; entretanto, penso ser um possível parâmetro para o significado de "transcender": deixar uma marca, um legado pessoal de passagem nessa estranha e querida rocha que nós humanos habitamos. Reflexões à parte, sou muito grato por ser uma das pessoas que acreditaram na Jornada Colaborativa desde o início, o que me permitiu participar como coautor da publicação do primeiro livro, o "Jornada DevOps" – o pontapé inicial dessa linda e inspiradora viagem transformadora.

Resgatando um pouco sobre o meu engajamento, tudo começou em um domingo de manhã, mais precisamente no dia 14 de outubro 2018 (ainda nos encontrávamos distantes da pandemia do COVID-19), às 10h56, quando recebi um e-mail do Roberto de Carvalho, Vice-Presidente Regional da Dynatrace. Nesse e-mail, o Roberto comentava com muito entusiasmo sobre a mensagem que havia recebido via LinkedIn de um tal Antonio Muniz sobre um tal projeto bem interessante de um livro colaborativo sobre *DevOps* e que ele achava que eu seria a pessoa certa na equipe para abraçar a oportunidade e contribuir. Precisávamos responder ao Muniz em três dias, pois o plano dele era fechar o time até o dia 17 de outubro de 2018. Um livro? Colaborativo? Práticas e cultura *DevOps*? Selo oficial EXIN? Será, Fernando Gibim Mellone? E por que não?

Confesso que a rotina profissional, somada com meu compromisso pessoal de exercer uma paternidade ativa com a Sofia, de apenas 3 anos na época, me preocupavam. Entretanto, o desejo pela expansão da "caixa", por aquisição de repertório e por escapar da zona de estagnação para encontrar o caminho evolutivo de diferenciação acabou falando mais alto nesse meu diálogo interno. Uma vez entendido qual era o propósito da Jornada e o meu compromisso colaborativo internamente firmado, aceitei com muita alegria e determinação o convite para ser líder de capítulo das práticas de telemetria, monitoramento e observabilidade do livro "Jornada DevOps" do agora querido amigo Muniz. A partir desse momento, a sinergia ganhou força e as ações conjuntas em prol da mesma Jornada dominaram, até porque o mais importante não é o destino, e sim a jornada. Realizei muito trabalho de pesquisa, curadoria e exploração interna e externa angariando todos os detalhes relacionados às melhores práticas e aos ensinamentos capturados junto aos meus pares executivos e outros colaboradores extremamente experientes em uma empresa que se transformou completamente adotando as melhores práticas e a cultura *DevOps* como mantra para a entrega de software perfeito para seus clientes.

A noite de autógrafos para celebrar o pré-lançamento da obra aconteceu durante o evento Dynatrace Perform GO Rio no dia 05 de junho de 2019 e os lançamentos oficiais foram dois, sendo o primeiro no dia 06 de junho de 2019 no Centro de Convenções SulAmérica, com quase 400 livros "Jornada DevOps" sendo distribuídos aos participantes, e o segundo aconteceu no dia 17 de agosto de 2019 na PUC-SP para mais de 300 pessoas. Também foi muito gratificante palestrar inúmeras vezes para a comunidade, incluindo os lançamentos do livro, *workshops*, Summit 2020, episódio JornadaCast, Jornada Globo Day e todas as oportunidades de interações para troca de experiência e propagação de alto impacto positivo nas vidas da família Jornada Colaborativa e todas as entidades parceiras beneficiadas solidariamente pela Jornada, tanto antes como pós-pandemia COVID-19.

De novo, com toda essa energia, ou melhor, sinergia positiva, curiosamente, no dia 17 de outubro de 2019, exatamente um ano após o meu aceite no convite do Muniz para participar do livro "Jornada DevOps", a Dynatrace realizou no Hotel Unique em São Paulo o PerformGO, o maior evento de Performance Digital da América Latina, e o Antonio Muniz foi convidado para ser um dos palestrantes do evento. Felizmente, ele reciprocamente aceitou o convite da Dynatrace e os mais de mil convidados presentes no evento puderam beber das melhores práticas de engajamento colaborativo direto da fonte com os ensinamentos de um dos gurus no assunto. Novamente, sinergia radical sendo levada muito a sério para promoção de experiências colaborativas que transformam vidas.

Para concluir, quero agradecer ao amigo Antonio Muniz, ao Roberto de Carvalho, à Dynatrace e à comunidade Jornada Colaborativa pela confiança e por permitir que eu contribuísse com a entrega de resultados incríveis que transformaram vidas, especialmente em momento tão desafiador como estão sendo os anos da pandemia do COVID-19.

E se você também pudesse contribuir com experiências em trabalhos colaborativos com experimentação radical? Como seria sua história nessa jornada?

16. Otimismo

Carla Krieger

Otimismo vem do latim "optimus = ótimo" e significa sistema de julgar tudo o melhor possível, de achar que tudo vai bem (AURÉLIO, 2010).

O otimismo é reflexo da forma com que o indivíduo percebe o mundo ou uma situação. Podemos ter diversas perspectivas sobre uma mesma situação, como bem ilustrado na metáfora do copo meio cheio e meio vazio.

Ser otimista é uma das características essenciais para quem de alguma forma exerce o papel de liderança, para manter o moral e a motivação do time mesmo quando se está frente a um momento crítico ou algo desconhecido.

Buscamos adaptabilidade, flexibilidade e respostas rápidas das organizações em relação à velocidade das mudanças, e esse cenário leva a muitas falhas (resultados inesperados) durante o processo de exploração de hipóteses até que se atinja o sucesso! Se não houver otimismo no decorrer dessa jornada, certamente muitas boas ideias e inovações ficarão pelo caminho.

> *Este é o principal ensinamento da alegoria de Rousseau: de modo geral, a possibilidade de que nossos esforços coletivos atinjam seu objetivo* ***dependerá do grau de otimismo do grupo*** *ou da sociedade a que pertencemos. Acreditar que é possível obter qualquer coisa ajuda a fazermos todo o possível para que isso se torne realidade. E então as nossas* ***previsões otimistas se cumprirão****. O mesmo se aplica à situação oposta: se pensarmos que uma coisa é muito difícil de se obter, não faremos todo o possível para consegui-la e as previsões pessimistas se confirmarão. (VAROUFAKIS, 2015)*

Porém, como toda atitude, da mesma forma que a ausência dela limita a atuação do líder, o excesso também se torna prejudicial. O grande desafio é encontrar o equilíbrio e perceber o momento certo de aplicá-la.

Para quem busca esse equilíbrio em suas competências, indico o livro "FYI For Your Improvement", de Michael M. Lombardo e Robert W. Eichinger (2014), que descreve de forma detalhada 167 competências, com características de comportamentos de indivíduos que não as possuem, de indivíduos que as possuem equilibradamente e dos que as aplicam de forma excessiva.

Dentre essas competências descritas no livro, existe a da perspectiva. Indivíduos que a possuem em equilíbrio são capazes de encontrar um vasto número de possibilidades para resolver um determinado desafio, visualizando facilmente futuros cenários! No entanto, se a perspectiva for excessivamente positiva, a pessoa poderá ver conexões onde não há e estar sempre em busca de um ideal não realista.

A forma como percebemos as coisas está ligada às nossas crenças e aos nossos valores. Os pessimistas costumam possuir crenças que limitam suas ações, conhecidas como crenças limitantes ou negativas. Alguns exemplos de crenças limitantes:

- ✓ Só é possível ganhar dinheiro fazendo coisas erradas.
- ✓ Não tenho tempo para nada.
- ✓ Não sou bom o suficiente.
- ✓ Eu não posso/não consigo/não sei fazer isso.
- ✓ Sou muito velho para isso.
- ✓ Sem trabalho duro não se consegue nada.
- ✓ Os outros precisam mudar para minha vida melhorar.
- ✓ O mundo está em crise, e por isso tudo está muito difícil para mim.

O fundador da psicologia positiva, Martin Seligman, apresenta formas de cultivar uma perspectiva positiva através de ferramentas para aprender o otimismo, que atuam no autoquestionamento e na ressignificação de crenças. Ele traz o conceito dos 5 Cs (SELIGMAN, 2019): contrariedade, crença, consequência, contestação e capacitação. Um exemplo prático e real, que vivenciei na minha infância e adolescência:

- ✓ **Contrariedade**: fiz mais uma vez uma apresentação de um trabalho da faculdade, coração batendo e ritmo extremamente acelerado na fala, querendo me livrar logo da situação! Também percebi um ar de riso em algumas pessoas, levando-me a pensar que o que eu apresentei não fazia sentido para quem estava assistindo, era bobagem! O sentimento se repetia na minha vida até aquele momento, toda vez que eu tinha que falar para um público.
- ✓ **Crença:** o que eu apresento é muito óbvio e básico, preciso me aprofundar mais se não quiser continuar pagando "mico".

- ✓ **Consequências:** fiquei muito chateada e com raiva de mim mesma. Fiquei constrangida com a minha performance.
- ✓ **Contestação:** um belo dia, do nada, em um momento de ócio, refletindo, percebi o quão sem sentido era essa minha percepção. Ela era reflexo da experiência em família – tenho irmãos que são 12 e 13 anos mais velhos do que eu. Toda vez que havia um debate entre os adultos e eu falava alguma coisa, ouvia do meu irmão mais velho: "não fala bobagem, nem sabe do que tá falando, etc.". Essa consciência de que eu estava refletindo uma experiência da minha infância, perturbação comum entre irmãos, foi reveladora e mudou completamente a forma de me expressar em público, de me expor.
- ✓ **Capacitação:** não senti nunca mais, nem de longe, aquele sentimento de "fracasso". Percebi que, quanto mais me expunha, sem crenças limitantes, mais confiança e melhoria de performance eu ganhava. No fim, quem me conhece sabe que adoro compartilhar conhecimento e participar de momentos de debates e críticas construtivas.

Nesse modelo de Martin Seligman, a contestação se torna a principal ferramenta para mudar a interpretação da contrariedade.

As crenças limitantes geralmente são distorções nas percepções sobre os fatos. Sendo assim, ao perceber que está diante de uma crença que limita uma ação, questione-a. Não permita que seu emocional seja invadido.

Ao me engajar com a comunidade da Jornada Colaborativa como uma das coautoras do livro "Jornada Ágil do Produto", passei a vivenciar a verdadeira essência da colaboração e vulnerabilidade, com *fit* total ao meu propósito de compartilhar conhecimentos. Um ambiente perfeito para experimentar novas ideias, novas competências, se permitir errar, fortalecendo o nosso emocional, permitindo que ressignifiquemos as nossas crenças!

Existe uma energia contagiante, impulsionada pelo otimismo e empreendedorismo do idealizador da comunidade, Antonio Muniz, que nos leva a potencializar ainda mais o nosso otimismo, tendo certeza de que tudo é possível! É esse sentimento que permite que a Jornada Colaborativa, através de seus voluntários, tenha resultados extraordinários, agregando valor à sociedade!

Se você está entrando agora para essa comunidade, prepare-se para se tornar um otimista de carteirinha, capaz de realizar feitos incríveis!

Bem-vindo!

Referências

AURÉLIO. **Mini Aurélio:** o dicionário da língua portuguesa. 8.ed. rev. atual. Curitiba: Positivo, 2010.

LOMBARDO, Michael M.; EICHINGER, Robert W. **FYI For Your Improvement:** a guide for development and coaching. Los Angeles: Korn Ferry, 2014.

SELIGMAN, Martin E. P. **Aprenda a ser otimista:** como mudar sua mente e sua vida. Rio de Janeiro: Objetiva, 2019.

VAROUFAKIS, Yanis. **Conversando sobre economia com a minha filha.** São Paulo: Planeta, 2015.

17. Resiliência

Fernanda Belmont Reis

Resiliência – substantivo feminino que tem por significado:

> *Propriedade dos corpos que voltam à sua forma original, depois de terem sofrido deformação ou choque.*
>
> *[Figurado] Capacidade de quem se adapta às intempéries, às alterações ou aos infortúnios.*
>
> *[Figurado] Tendência natural para se recuperar ou superar com facilidade os problemas que aparecem.*
>
> *[Física] Característica mecânica que define a resistência dos choques de materiais. (DICIO, s.d.)*

É difícil falar de si mesmo, ainda mais ao ser convidada como uma referência de uma atitude (**resiliência**) para representá-la. É uma grande honra e ainda maior a responsabilidade.

Dada a minha dificuldade de falar de mim mesma, vou me apropriar das palavras do próprio Muniz ao me fazer o convite para dar início a essa escrita:

> *Aprendi trabalhando com a Fernandinha na SulAmérica o quanto uma pessoa pode se fortalecer com os desafios que enfrentamos em nossa vida. Admiro sua capacidade de superação com ruas não acessíveis para pessoas com alguma limitação de locomoção. Sua história na Jornada está marcada na revisão profissional do livro "Jornada DevOps" no Carnaval de 2019 e na organização do futuro livro sobre inclusão.*

Para o Muniz, pelo seu olhar, a atitude **resiliência** espelha a minha vida na prática.

Resiliência na vida

Dito isso, "senta que lá vem a história...". Posso dizer que a prática dessa atitude (**resiliência**) em minha vida foi algo que se deu inconscientemente, ou, melhor dizendo, instintivamente, pois ser PcD me colocou diante de desafios desde sempre.

Adaptabilidade e superação sempre foram palavras de ordem no que tange à quebra das barreiras.

> *Barreira física (ou arquitetônica): obstáculos para o uso adequado do meio, geralmente originados pela morfologia de edifícios ou áreas urbanas.*
>
> *Barreira social: relativa aos processos de inclusão/exclusão social de grupos ou categorias de pessoas, especialmente no que se refere às chamadas "minorias", como (...) pessoas com deficiência e outros.*
>
> *Barreira atitudinal: gerada pelas atitudes e comportamento dos indivíduos, impedindo o acesso de outras pessoas a algum local, quer isso aconteça de modo intencional ou não (PRADO; LOPES; ORNSTEIN, 2010).*

As barreiras físicas (ruas não acessíveis para PcD e/ou pessoas com mobilidade reduzida) estão por aí em todo lugar, bem como as barreiras sociais e atitudinais que, ainda hoje em pleno século XXI, cruzam o caminho travestidas de "exclusão" ou de atitudes que definem PcD como "incapazes" de tomar suas próprias decisões, estudar ou trabalhar, ou seja, de ter autonomia e ser independentes. A resiliência se faz presente na quebra dessas barreiras.

É preciso se adaptar e superar os desafios impostos pela falta de acessibilidade das áreas urbanas desde a saída de casa até o retorno. É preciso se "refazer" diante de cada negativa de pedido de ajuda, diante de cada olhar que expressa "deveria estar em casa e não na rua" ou de perguntas do estilo: "como seus pais deixam você trabalhar fora?". Isso é resiliência!!

Resiliência é, mesmo não sendo fácil, procurar se recuperar de cada baque, "levantar" e seguir em frente, mantendo dentro de si a fé de que dias melhores virão e a certeza de que há pessoas boas por aí dispostas a lutar por e com você.

Resiliência na Jornada Colaborativa: eu e a Jornada

Em 2019, o Muniz me convidou para participar da revisão do primeiro livro da Jornada, "Jornada DevOps", e eu prontamente aceitei. Fiquei honrada pelo seu convite e pela confiança que depositou em mim, pela oportunidade que me deu, mesmo sabendo que eu estava recém-formada (em 2018) em Letras Português/Inglês. Ele confiou na minha capacidade de realizar um trabalho de qualidade.

No Carnaval de 2019, eu já na Jornada como revisora, fiz parte do "bloco" da força-tarefa para a finalização do livro para que pudesse ser entregue para a editora dentro do prazo.

A **resiliência** esteve presente no decorrer de todo o processo. Precisei me **adaptar**, aprender como funcionava aquele "novo mundo" de escrita colaborativa em um documento compartilhado com um grupo tão plural em diversidade; aprender como revisar respeitando a essência da escrita do outro; aprender a me recuperar dos "choques" decorrentes das "falhas" de comunicação, sanando-as.

Com o livro "Jornada DevOps" me desenvolvi como profissional (me fez querer me aperfeiçoar mais e mais a cada dia) e mais ainda como ser humano (fez com que eu me tornasse mais atenta ao que o outro quer dizer). Foi uma experiência indescritível que só me fez crescer. Registro aqui minha gratidão por esse "começo".

Uma vez parte da Jornada, sempre parte da Jornada: minha experiência com o livro "Jornada DevOps" (que, segundo o Muniz, resultou em uma revisão profissional) não foi a única, ela fez parte da primeira de tantas outras que vieram a seguir. Nos livros "Jornada Ágil e Digital" e "Jornada Ágil de Qualidade" continuei exercitando a **resiliência** – agora, além de revisar, precisei me **superar** frente ao desafio de me tornar coautora de capítulos. E pensa que acabou?! Claro que não!! Em 2020, participei do futuro livro sobre trabalho remoto (novamente como coautora) e desde o mesmo ano estou na organização, revisão e como coautora do futuro livro sobre inclusão. À medida que fui crescendo e me desenvolvendo, me tornei apta para exercer mais funções na Jornada: hoje reviso, escrevo e organizo.

Fazer parte da Jornada é experimentar viver um processo contínuo de desenvolvimento e crescimento; é nunca "ser" (= algo estagnado); é sempre "estar" (= algo que sempre busca mudanças e aprimoramento diante dos desafios); é resiliência; é se superar a cada dia.

Resiliência: #FicamAsDicas

Que nós NUNCA deixemos de buscar:

1. adaptação, superação e recuperação. SEMPRE!!
2. Não nos esmorecer diante dos infortúnios. Eles nos ensinam lições e nos tornam mais fortes.
3. Aprender a sermos resilientes e inspirar o outro a ser resiliente.

Em suma, quando falamos de **resiliência**, seja na vida ou no trabalho, estamos falando de *mindset* ágil, descrito por Brasileiro (s.d.): como ter uma mentalidade de grande adaptação e aprendizado frente aos desafios que surgem. Mesmo sendo algo complexo de se praticar, é fomentá-lo onde estivermos para que sejamos agentes de transformação, de modo a afetar o *mindset* de cada pessoa ao nosso redor.

Referências

BRASILEIRO, Roberto. Mindset Ágil: as principais características de uma mentalidade ágil. **Método Ágil**, s.d. Disponível em: <http://www.metodoagil.com/mindset-agil/#:~:text=Ser%20Resiliente&text=Se%20adaptar%20rapidamente%20a%20novos,cria%C3%A7%C3%A3o%20de%20um%20Mindset%20%C3%81gil.>. Acesso em: 16 mar. 2021.

DICIO. **Significado de Resiliência.** Disponível em: <https://www.dicio.com.br/resiliencia/>. Acesso em: 16 mar. 2021.

PRADO, Adriana Romeiro de Almeida; LOPES, Maria Elisabete; ORNSTEIN, Sheila Walbe. (orgs.). **Desenho universal:** caminhos da acessibilidade no Brasil. São Paulo: Annablume, 2010.

18. Serenidade

Juliana Barros

Confesso que também fiquei surpresa com a característica escolhida pelo Muniz. Isso me fez refletir e não tem como falar sobre serenidade sem compartilhar o quanto "não serena" eu estava antes de me encontrar e conhecer a Jornada Colaborativa.

Em agosto de 2019 eu estava passando por um grande estresse no trabalho. Eu não tinha ânimo para nada, nas comunicações ou era ríspida, ou calada ou descontrolada. O meu humor passou a ser impaciente e meu corpo refletiu doenças. Resolvi me dar 15 dias para decidir se ficaria ali ou se iria embora. Após 10 dias, fui diagnosticada com trombose venosa e por orientação médica precisei ficar afastada do trabalho.

Não digo que a doença tenha ligação, porém isso me desestruturou mais ainda. Precisei digerir o que estava acontecendo para me sentir bem novamente – não é uma receita de bolo, mas o trabalho voluntário me trouxe aqui. Enquanto eu me "encontrava" nos passos que descrevo a seguir, a Jornada Colaborativa me formou.

Primeiro passo: desenvolva coisas por você, como amor-próprio, respeito e o que mais precisar

No geral, somos induzidos a agir dessa forma com o próximo. Eu era negligente comigo: quando o estresse vinha eu desabafava comendo algumas comidas que eu "merecia". Não descansava o suficiente, cobrava perfeição em tudo o que fazia e achava normal anular a minha opinião ou o meu sentimento em troca do que eu achava que era viver em paz.

Precisei deixar algumas fichas caírem e percebi que precisava estar com o corpo e a mente saudáveis para refletir a harmonia que buscava externamente. Comecei a cultivar esses sentimentos de respeito, amor e compreensão por mim, respeitando os meus limites, melhorando a alimentação e procurando trocar alguns hábitos.

Segundo passo: se conheça e se liberte

Sempre que eu tiver alguma oportunidade, vou falar sobre autoconhecimento. Foi o que me deu liberdade para compreender o que acontecia comigo e com quem estava ao redor, orientação para melhorar o que incomodava e segurança para ser quem sou.

Como uma típica introvertida, demorei até entender que tudo bem não ser a pessoa mais comunicativa e engraçada do recinto. Afinal, eu gostava mais de estar ali para observar, ouvir e ajudar. Tomei consciência de quem eu era e parei de procurar falhas no que fazia ou no que o outro fazia ou em que nós deixávamos de fazer.

Nesse autoconhecimento, listei os meus pontos fortes e os meus pontos de melhoria. Conversei com várias pessoas sobre isso, o que me ajudou a identificar o que seria legal experimentar ou melhorar. Tomei cuidado para não levar isso como obrigação e sim como metas que eu podia ou não alcançar. Queria evoluir de forma leve e tranquila.

Percebi que não existia isso de estar certo ou errado e parei de me ver como uma super heroína capaz de aguentar tudo sorrindo. Eu amo histórias de ficção, mas resolvi deixar isso como entretenimento e não como um peso e o único modelo a ser seguido.

Terceiro passo: perdoe – não só o próximo, mas você também

Eu sempre fui uma pessoa que guardava as falhas de outras pessoas e lembrava delas fervorosamente em algum momento oportuno. Considerava o perdão algo destinado aos líderes espirituais, então seguia tremendo de raiva de algumas pessoas de vez em quando.

Durante o autoconhecimento, vi que alguns critérios religiosos nos quais eu achava que acreditava não combinavam comigo. Pensei em experimentar esse tal de perdão e uma nova ideia de espiritualidade. Na época busquei o Ho'oponopono. Essa técnica me ajudou a perdoar tudo o que estava acontecendo, incluindo me perdoar. De acordo com a sua crença, experimente perdoar, você, as pessoas, o passado, palavras ditas ou não ditas e tudo mais. É libertador!

Quarto passo: pare de encontrar culpados. Quer mudar? Mude

Eu passei muito tempo me culpando, culpando pessoas, coisas ou falta de coisas por várias falhas e insatisfações. Eu focava em ler e estudar o máximo que podia, mas deixava de lado a saúde, a diversão e grandes mudanças que ainda não incomodavam tanto assim. Nessa fase eu estava curada da trombose, mas tive sequelas: a síndrome pós trombose.

Vale ressaltar que não temos nenhum controle sobre o que as pessoas fazem e não podemos orientar nossas vidas por esses atos (por mais injusto que pareça). Não adianta focar e também não adianta ignorar. Procurei ajuda psicológica e, conforme seguia as dicas e reflexões, fiz uma lista com coisas que me traziam boas memórias, coisas que sempre quis fazer e deixava para depois. Resolvi mudar.

Essa lista automaticamente foi eliminando o que não fazia mais sentido pra mim, desde pessoas, conceitos e até rotinas. Fui realizando as coisas da lista, como assistir a um determinado filme que passou na sessão da tarde, parar tudo para ouvir a chuva, tomar banho ao som de Enya, ler sobre filosofia, aprender a assar um pão, entre outras.

Por mais estranho que fosse, isso me trouxe um conforto que não sentia há muito tempo! Convidei meus pais e meu esposo para experimentar a lista: conhecemos uma Juliana nova, mesmo com o histórico, as dores e as preferências. Estava me sentindo leve, disposta e foi essa a iniciativa que me trouxe até aqui...

Fui convidada pela Analia Irigoyen (exemplo de mulher forte, mãe e profissional em uma pessoa incrível) para aprender sobre Azure DevOps na escrita do livro em produção "Jornada Azure DevOps", e o Muniz colocou uma mensagem no grupo do WhatsApp convocando voluntários para o Summit que aconteceria em alguns dias.

Eu estava seguindo os meus planos e pensei: "algo novo? Vamos lá" e confesso que eu me senti naquele filme com o Jim Carrey ("Sim, Senhor", de 2008). Tivemos a primeira reunião, e o Muniz queria trazer um papel que ainda não existia na Jornada, o de "Anjo" dos palestrantes. Ficou definido que eu e o Marcos Rodrigues faríamos esse papel, a princípio em um sábado.

Quinto passo: experimente a empatia e esteja aberto

Nossa função era receber os palestrantes, orientar e dar suporte ao longo da semana até o evento. Definimos um passo a passo e experimentamos. Em uma determinada semana, uma palestrante demorou a responder e depois me enviou uma mensagem informando que havia sido demitida e cancelou a sua participação.

Essa foi a primeira vez que refleti sobre o papel do anjo no evento. Uma vez ouvi que para ser "anjo humano" não era preciso ter asas, mas um coração disposto e pronto. Pensei sobre o susto que a pessoa teve e enviei uma resposta sugerindo que ela pensasse um pouco, afinal ela não foi escolhida para palestrar pela contratação, e sim por ser quem é e pelos seus conhecimentos. Caso quisesse cancelar mesmo assim, poderia.

Após quase dois dias ela respondeu de volta e agradeceu pelas palavras, disse que manteria a sua palestra e buscaria seus novos caminhos. Confirmei que, para estar ali, era preciso estar atenta e disposta a prever algumas necessidades, antes até de serem ditas. Nesse momento vi o trabalho lindo que estávamos fazendo todos juntos, não apenas na doação, mas nas interações diárias também.

Quando não conseguimos compreender o que acontece, perdemos o controle ou a chance de enxergar além e inovar. Quando nos comunicamos com as pessoas, podemos deixar de fazer algo e escolher não ouvir. Mas, sem dúvida, se estivermos abertos, podemos melhorar ou transformar momentos comuns em inesquecíveis.

Sexto passo: seja adaptável e autêntico

Os *summits* aconteciam aos sábados, mas no domingo eu já começava a me preparar para o próximo sábado. Entrava em contato em média com seis palestrantes por semana. Percebi que e-mail não funcionava sempre, assim como mensagens de texto.

Eu fazia uma abordagem inicial para verificar o que faria sentido com aquela pessoa e ajustava as orientações. Alguns palestrantes exigiam um pouco mais de calma, outros só tinham cinco minutos para conversar. Tomei como responsabilidade tornar a participação de todos a mais leve possível.

Os palestrantes se sentiam seguros quanto à realização do evento e eu fui me tornando cada vez mais confiante para ajudar. Quanto mais acolhedores e adaptáveis somos, o ambiente refletirá isso. Um belo dia, percebi que as emoções negativas de antes não me abalavam mais e eu não perdia mais o controle, estava consciente de quem eu era e transparecia isso para quem estava próximo.

Pude treinar a comunicação (que se tornou mais fluida, empática e eficaz) e o agir sob pressão, independentemente do contexto em que me encontrasse. Os problemas surgem e eu sigo firme na ideia de viver cada dia e cada problema por vez. Quando não estou aguentando, apenas descanso; quando posso, faço, quando não posso, não faço.

A Jornada Colaborativa mudou a forma como eu me enxergava e me deu oportunidades que nunca esperava receber. A Juliana de fevereiro de 2021 é grata pela queda da Juliana de 2019 e por todos os desafios e inspirações que o Muniz (um exemplo de extrovertido, pai e profissional que movimenta tudo) e a Jornada Colaborativa proporcionaram.

Espero que você se desenvolva, se conheça, se perdoe e experimente a sua própria receita para a serenidade.

19. Credibilidade

Rodrigo Moutinho
Flavia Carrilho

As palavras mais comuns encontradas ao definir credibilidade são qualidade e confiança.

Em um contexto da vida real, existem inúmeras formas de validar essas referências. Buscando por cenários mais simples, como uma consulta com dentista ou médico, é possível validar através de vários fatores, como, por exemplo: comprometimento em atender no horário combinado, atenção para ouvir e ajudar o paciente com o problema apresentado, qualidade ao realizar o procedimento, entre outros. Tudo isso, se realizado com sucesso, traz **credibilidade** ao profissional. Logo, a **qualidade** do serviço gera **confiança** para o cliente considerá-lo um profissional de referência e/ou, por exemplo, indicar o serviço para outras pessoas.

Durante a escrita colaborativa os fatores que definem a credibilidade são muito similares. Do ponto de vista da continuidade do trabalho da Jornada, o mais marcante seria o prazo de entrega. Com a necessidade de coordenar diversos escritores, é fundamental todas as etapas de revisão dos líderes e as revisões finais da editora cumprirem os prazos combinados em cada etapa para a agilidade e o andamento do projeto.

À medida que mais livros são escritos, novos mecanismos são pensados para ajudar a contornar esse possível problema. **Escritores aprendizes** têm a oportunidade de se desenvolver no tema e participar desse movimento, agilizando os ajustes mais básicos no texto do escritor. Esse processo deixa mais simplificada a revisão dos líderes, que podem focar mais na qualidade em vez de em ajustes simples. E como alternativa para casos onde o prazo precisou ser adiado, **escritores *backup*** garantem que o conteúdo ainda possa ser escrito com a qualidade necessária.

Outro fator importante para a longevidade do projeto, e com isso a criação de cada vez mais livros, é a qualidade do material. Ao selecionar líderes a dedo, por consequência estes selecionam colaboradores também a dedo. A atenção aos detalhes com a busca por profissionais apaixonados pelo assunto é fundamental para manter a credibilidade alta do conteúdo.

Apenas analisar esses cenários pode acabar ficando abstrato demais. Portanto, para ajudá-lo na carreira profissional (ou até mesmo na sua vida pessoal), reflita sobre as três sugestões a seguir antes de aceitar um novo projeto.

Paixão *versus* oportunidade

> *Toda oportunidade é uma oportunidade, mas nem toda oportunidade é para você. – Autor desconhecido*

Essa frase parece simples, mas ela pode dizer muito sobre a energia que será dedicada a um projeto.

Principalmente depois dos efeitos colaterais da pandemia com o trabalho remoto, não é difícil depararmos com oportunidades que parecem incríveis a todo momento. Pode ser um livro da Jornada para colaborar, um evento para ajudar ou palestrar, aquela proposta "imperdível" a qual se dedicar depois do trabalho ou até mesmo uma mudança de emprego ou de área dentro da empresa.

Nesse momento, como primeiro filtro, é fundamental se questionar: "essa oportunidade vai me levar para um lugar mais próximo da minha paixão?".

Exemplificando o contexto: você sempre sonhou em ser uma referência técnica de uma tecnologia e recebe uma grande oportunidade de ser gerente. Essa oportunidade pode mais para frente ajudá-lo a virar diretor da empresa. Incrível, não? Talvez. Outras incríveis oportunidades, como se tornar líder técnico da equipe, também podem surgir. Esse cenário nos leva para a segunda regra, ou filtro.

Habilidade de dizer NÃO

Não tem como fugir: cada escolha, uma renúncia. A habilidade de dizer NÃO o ajudará a filtrar melhor oportunidades e situações que o deixariam desmotivado em um futuro não tão distante.

Apesar desse contexto profissional, isso também se aplica a pequenas situações em que disse SIM mesmo sem saber se daria conta. Todas essas escolhas somadas podem se converter em muita ansiedade de não saber como resolver todas as situações em um pequeno espaço de tempo.

Dizer NÃO para pequenas situações e oportunidades o ajuda a ter muito mais tempo para focar no seu principal objetivo profissional ou pessoal. Com menos compromissos você terá mais clareza para realizar o que é necessário e direção para buscar seus sonhos, que são as situações que resultarão nos objetivos que você almeja.

Comprometimento alto

Se a tarefa ou projeto passou pelos últimos dois filtros, não tenha dúvida de que o comprometimento será alto. Menos é mais. Ter menos tarefas, alinhadas com seus objetivos, o ajudarão a ter **confiança**, energia e dedicação para fazer com **qualidade** o que precisa ser feito.

Nesta fase, todos os maiores problemas que podem minar uma credibilidade serão eliminados. Aqui você só prometeu o que poderia cumprir e, como profissional, está honrando todos os compromissos. Com isso, não precisa adiar nenhuma data de entrega porque tem plena certeza de que conseguirá entregar tudo a tempo. Lembrando que imprevistos acontecem, mas o foco na tarefa principal torna mais fácil algum problema ser contornado.

Pode até parecer contraintuitivo, mas muitas das vezes prometer pouco é uma decisão sensata. De acordo com os desafios encontrados, você pode ter a chance de entregar mais do que o esperado, porém sem a ansiedade e o estresse desnecessário.

Vamos para uma parte prática

Treine a escuta ativa

Ser autoridade na sua área não é pegar mais do que sua mão aguenta, é dar o seu melhor com o que a sua mão aguenta.

Não pense que oferecer conselhos, dicas e sugestões vai fazer de você a pessoa que todos querem por perto. O mundo precisa de **escutadores**, não de **faladores**. Talvez você acredite que isso seja função de terapeutas, psiquiatras e psicólogos, mas vamos lhe dar uma boa razão para você levar isso para o ambiente de trabalho, quiçá para a vida.

Imagine que você está almoçando com os seus colegas e um deles começa a falar sobre os desafios de um novo projeto, de forma contínua. No final, ele mesmo está sugerindo em voz alta a própria solução. Não se admire se ele largar o almoço e voltar entusiasmado para dar andamento ao projeto.

O desafio é não deixar o ego querer entrar em cena para dar o primeiro conselho. Experimente perguntar o seguinte: "agora que você me contou isso, você gostaria de saber o que eu acho?".

Você pode se surpreender com a resposta. Muitas vezes a pessoa pode apenas dizer que se sentiu melhor e teve boas ideias apenas colocando para fora os pensamentos. A verdade é que pensamos melhor quando falamos e não quando colocamos a cabeça para "ferver". Não se espante se a pessoa lhe agradecer por algo que você nem fez – apenas ouviu.

Esteja no aqui e no agora

Quando você estiver trabalhando, trabalhe! Quando estiver comendo, coma! Quando estiver ouvindo, ouça!

Não adianta estar em uma tarefa e com a cabeça em outro lugar. Inclusive, isso serve para relacionamentos amorosos (eu disse que você levaria para a vida). As discussões entre casais podem ser diminuídas se ambos puderem verdadeiramente escutar um ao outro – isso é treinar estar no aqui e agora.

Na empresa é o mesmo. Com o cliente, segue a mesma linha. Se você não **escutar** o que o outro quer, como entregar um serviço de excelência?

Tenha empatia

Uma das melhores formas para treinar o aqui e o agora é justamente se perguntar: "se eu estivesse na situação dessa pessoa, eu gostaria de ser ouvida?".

Aqui você entra em uma linha tênue entre ser um bom **escutador** e uma **esponja**. Uma sugestão: se a conversa começar a ficar pesada para você, seja sincero(a) em dizer que ainda não vê como pode ser útil dentro daquela conversa. Muitas vezes a pessoa percebe que só está reclamando e não em busca de soluções.

Sempre leve a pessoa para a palavra "solução". Pensar em novas ideias gera alternativas e planos para resolver a situação – muito melhor que apenas reclamar dos problemas. Quando a pessoa só quer reclamar, é só isso que ela faz. É aqui que entra o **NÃO**. Você já aprendeu alguns parágrafos antes e agora poderá voltar e focar no que gera resultado. Fica tranquilo(a), isso não é egoísmo.

Egoísmo ou amor-próprio

O capítulo de credibilidade não poderia ser fechado sem abordar essas duas palavras cujas definições muitos confundem.

Fugindo dos dicionários e trazendo o ponto de vista funcional, na prática, egoísmo é quando suas ações são pensadas apenas em si próprio – é o ego sendo o centro. Logo, você faz de tudo para conseguir uma promoção, custe o que custar, inclusive saúde, amigos, relacionamentos. Quanto mais você aprende, mais você guarda e não compartilha com seus colegas em volta, a não ser que esse colega seja um contato importante para que você, apenas você, cresça.

Amor-próprio é quando você faz algo que você ama, respeita o seu tempo, se nutre de pessoas, palavras e ambientes positivos, e, no final, você transborda o seu melhor, o resultado de todo esse investimento, no mundo.

Um bom exemplo de amor-próprio é este livro que você está lendo. Muitas pessoas se reuniram, deram o seu melhor, se sentiram bem por colaborar e agora transbordam todo esse conhecimento para que outras pessoas, como você, também aprendam e cresçam pessoalmente, profissionalmente e, quem dirá, espiritualmente.

Conclusão

Ter credibilidade pode exigir diversas ações, mas muitas estão totalmente sob seu controle. O poder de analisar e dizer NÃO para muitas oportunidades e SIM para poucas leva você para a posição de personagem principal da sua história. E seu desfecho não poderia ser melhor: credibilidade alta e bem-estar elevado com uma vida de menos ansiedade e mais projetos apaixonantes!

Se você gosta de fórmulas, aqui vai uma para aumentar a sua credibilidade: **Ser** → **Fazer** → **Ter**.

Seja um **SER** humano íntegro e congruente. **FAÇA** diariamente (leia-se: consistência) o que gera resultado para você em todos os âmbitos de sua vida. E colha o **TER**, como, por exemplo, bons negócios, clientes, promoções e o que mais você buscar.

E, por favor, não confunda essa ordem!

20. Coragem

Joana Carrasco

Em 2019, estava insatisfeita no meu ambiente de trabalho, onde não havia troca, companheirismo, união e muito menos solidariedade – aquelas famosas empresas conhecidas como "comando e controle", onde o funcionário é apenas número e a exploração impera no ambiente. Surgiu, através da indicação da minha prima do coração Fernanda Barreto, uma oportunidade de trabalhar com *DevOps*. Mas o que seria isso? Fiz a entrevista e fui clara: nunca ouvi falar, mas estou disposta a aprender. Além de conhecer uma nova metodologia, estaria me livrando de algo que já não me fazia bem há bastante tempo. A proposta era tentadora. Disse o recrutador: "Joana, gostamos da sua iniciativa, jeito de falar, as ferramentas você aprende!"

Sim, me deu a oportunidade de desenvolver com *DevOps*, com o qual eu não havia quase nenhuma prática de melhoria contínua e muito menos a cultura que inicialmente seria o primordial. Escutei a seguinte proposta: "começa como júnior e se por acaso corresponder em seis meses vai a pleno e fica com responsável". Arrisquei, busquei força e principalmente coragem para aceitar esse desafio.

Na semana em que começaria o novo emprego, por coincidência, recebi um convite via WhatsApp do meu professor da pós-graduação, Antonio Muniz, que estaria dando desconto para ex-alunos participarem do seu novo *workshop* sobre *DevOps* e suas melhores práticas. Presente do destino, não foi? E lá estava eu participando desse grande evento. Jamais poderia imaginar que estaria entrando no fantástico mundo de Muniz.

Após o *workshop* Jornada DevOps, incrível, que me ajudou muito a implementar novas ideias e práticas no dia a dia do trabalho e até mesmo a desenvolver novas tecnologias, surgiu mais um convite do meu mestre querido: "Joana, semana que vem terá o *workshop* Jornada Ágil e Digital, quer me ajudar a facilitar?".

Ao final, em um papo super descontraído, após conversarmos sobre a criação do livro "Jornada DevOps", que tinha sido um sucesso e muito aprendizado, Muniz falou com o pessoal que ficou até o final:

"Vamos escrever um livro? Jornada Ágil Digital? Que tal?"

Pensei: eu? Escrever um livro? Será que posso?

Sim, vamos! Igual o ditado popular, arruma força e vai. E estava eu começando a me envolver e conhecer esse mundo lindo da Jornada Colaborativa.

Assim, participei do livro "Jornada Ágil e Digital" como coautora, escrevi três capítulos, fiz muitos amigos e o melhor, arrumei conhecimento para aplicar várias técnicas e práticas ágeis na empresa em que estava trabalhando e também na minha vida pessoal. Fiquei encantada com o aprendizado de segurança psicológica. Em paralelo, estava eu aplicando *DevOps*, aprendendo através das práticas colaborativas da escrita, conhecendo novas metodologias ágeis que jamais tinha pensado em conhecer. *DevOps* é isso: união, colaboração, todos por um grande propósito, a realização do cliente e um ambiente seguro onde possamos trabalhar e também expor nossa opinião diante de qualquer situação.

Também tive o imenso prazer de participar do livro "Jornada Ágil do Produto" como coautora. De forma inusitada, surgiu o convite:

"Vamos organizar o Jornada Saudável?" Veio medo, preocupação... será que vou dar conta?

E eu fui com medo mesmo, como professora de educação física, formada pela Universidade Federal do Rio de Janeiro, contribuí, ajudei e pude aprender muito com todos os coautores. Além disso, ganhei uma grande amiga, Marina Azarite, que me ajudou demais na curadoria. Através dessa colaboração e do aprendizado, surgiu uma grande amizade. Depois de muito trabalho pensamos: "Chega! É o último". Mas o fantástico mundo de Muniz é uma roda gigante: entrou, é bem difícil sair, vem outro, vem outro e vem outro e a vontade de ajudar, de aprender e de colaborar é maior ainda. Seguimos firmes nessa missão.

E a empresa? Como ficou após os seis meses?

Tirei a certificação *DevOps Professional* e virei analista *DevOps* pleno!

A Jornada não me fez aprender com os livros, mas com os amigos, com a solidariedade, com o suporte no dia a dia, através de amigos que já vivenciaram as mesmas dificuldades. Essa comunidade é sem igual, faz com que a gente vivencie os problemas e tenha força e coragem de aprender e passar por cima deles.

Em seguida recebi o convite da minha amiga Bárbara Cabral para fazermos o livro sobre trabalho remoto. Relutei no início, estava grávida, mas, como já disse, acabei cedendo. E um grupo lindo se formou, um ajudando o outro. Que projeto maravilhoso.

Veio também o convite para o livro sobre Azure DevOps, e vamos nós para mais um livro. Esse então foi muito desafiador, me motivou a me dedicar ainda mais, pois estava estudando para a certificação e pude contribuir com o conhecimento do dia a dia, a vivência da prática do Azure, em parceria com minha amiga querida Analia, o maior presente que essa jornada pode me dar, que tanto me ajudou e não me deixou desistir, afinal a Bruninha estava a caminho.

Através da Jornada Colaborativa fiz amigos, fiz palestra, comecei a dar treinamento no trabalho, ajudei a organizar evento e aprendi novas práticas que aplico até hoje no meu trabalho. Enfim, a Jornada me fez não só ter coragem de ir à luta, mas me ensinou a encorajar pessoas, mostrar que todos somos capazes e que não existe ninguém melhor do que ninguém. Juntos somos mais fortes, sempre!

21. Comprometimento

Júnior Rodrigues

Qual a fórmula para a Jornada Colaborativa alcançar tamanho sucesso?

Bom, em um dos livros que lançamos, o "Jornada do Ágil Escalado", escrevi o *case* sobre a nossa comunidade e defini três pilares que julgo sustentar tudo isso que a jornada se tornou: **propósito, colaboração e escala**.

E realmente penso que, **coletivamente**, esses aspectos se somam e ajudam a explicar a velocidade com a qual a comunidade cresceu. Um **propósito** claro nos dá o motivo para seguirmos adiante, a **colaboração** nos fornece a ajuda mútua para alcançar os objetivos e a **escala** traz a cadência e o sincronismo necessários para que toda essa engrenagem funcione.

Entretanto, quando o Muniz me convidou para participar deste livro e escrever um capítulo sobre **comprometimento**, fiquei refletindo sobre qual a importância dessa característica e como encaixá-la na fórmula da Jornada. E concluí que, **individualmente**, esse aspecto é imprescindível para quem se envolve com esse tipo de trabalho e quer fazer o melhor.

Segundo o dicionário Michaelis, comprometimento é o mesmo que compromisso, que se traduz em uma **promessa formal ou uma obrigação de caráter social** feita a alguém ou a algum grupo de pessoas.

Ou seja, é cumprir com aquilo que foi combinado com alguém, **mantendo a sua palavra e dedicando-se** para realizar as tarefas que você mesmo aceitou. Ou seja, "cumprir com a sua obrigação".

Nesse caso da Jornada especificamente, trata-se de algo que é **voluntário** e, portanto, não há promessa formal, mas um compromisso que foi assumido publicamente e de caráter social. E isso se torna um **grande desafio** de gestão de expectativas!

E é aí que entram os **pilares da Jornada Colaborativa**, uma vez que o comprometimento é um aspecto que está intrinsecamente ligado ao propósito e se soma à colaboração e à escala para a **magia acontecer**! Temos, então, uma nova fórmula:

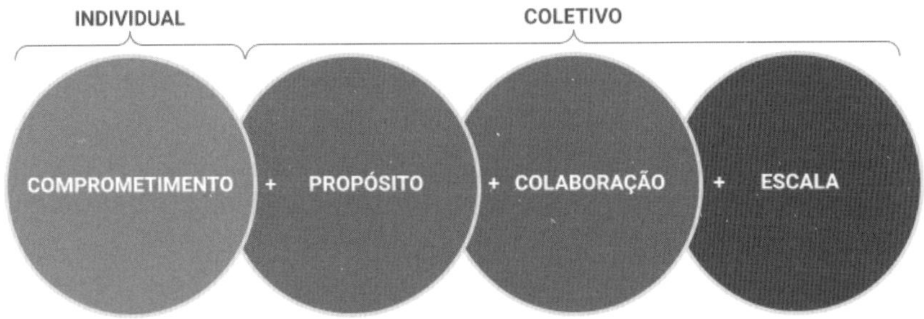

Figura 21.1. Fórmula de sucesso da Jornada.
Fonte: o autor.

Não há como alguém, voluntariamente, se comprometer com algo no qual não acredita. É preciso, portanto, que esse algo tenha um **propósito muito claro** e que todos estejam igualmente bem alinhados quanto à direção que se vai tomar.

Sabendo-se **o porquê** de nossa comunidade existir, qual objetivo o time deve perseguir e o resultado que este deve alcançar, é muito mais fácil que **alguém se identifique** com esse propósito e, consequentemente, **se comprometa**, remando para o mesmo lado do time.

E estando todos olhando para a mesma direção, é possível que a **colaboração aflore** de forma genuína, pela **afinidade** que é descoberta e por se sentir uma parte importante de uma oportunidade única de **contribuir de forma efetiva para algo maior**.

Dessa forma, o comprometimento se traduz na **dedicação e entrega individual**, para que seja possível produzir conteúdo em conjunto com o time, doando-se de verdade para ajudar os outros e também para **entregar o melhor** aos leitores dos livros, aos participantes dos eventos ou aos receptores das doações.

Por fim, a **escala que a comunidade alcançou** seria impossível sem que todos se comprometessem com a qualidade do conteúdo, os prazos acordados e a atenção necessária aos ajustes finais para que os livros ou eventos **se tornassem um sucesso**.

Uma **parte da engrenagem** que estivesse fora da cadência e sincronização necessários para que o todo tomasse forma seria suficiente para colocar tudo a perder. E aí entra o **comprometimento** de quem permaneceu até o fim para alcançar os resultados esperados, pois, sem isso, certamente não teríamos chegado lá!

Nem tudo são flores, obviamente! E está tudo bem! Vivemos um **mundo de mudanças** cada vez maiores e mais intensas. A vida muda, as prioridades mudam. Isso faz parte da nossa realidade e temos que **aprender a lidar** com isso.

Muitos que **se comprometeram** ficaram pelo caminho, uns demoraram a engrenar, outros viveram em uma montanha-russa: ora mais dedicados, ora sumidos. E alguns "**chegaram chegando**", como o Muniz costuma dizer – e, segundo ele, eu sou um desses.

Eu tive contato com as **origens da Jornada** quando o livro sobre *DevOps* ainda estava em construção. Na verdade, o Muniz me convidou para participar da escrita, mas eu não sabia bem como poderia contribuir, sem imaginar **as voltas que o mundo daria**. Não aceitei!

Meses mais tarde, estava eu lá no **evento épico de lançamento** no auditório lotado da SulAmérica. Toda aquela energia me contaminou de uma forma indescritível. Logo depois viria um **novo convite para participar** da comunidade, dessa vez no livro "Jornada Ágil e Digital", o que não somente aceitei, como fiquei super empolgado em contribuir.

Com a Jornada agora tomando forma e seu **propósito** ficando cada vez mais sólido e claro, participei dos eventos de lançamento do livro no Rio e em São Paulo e fui **me comprometendo** em diversas outras frentes, tendo participado como:

- ✓ **coautor em livros** ("Jornada Ágil do Produto", "Jornada Business Agility", "Jornada RH Ágil", futuros livros sobre inovação e conhecimento, os três últimos ainda em produção/desenvolvimento);
- ✓ **co-organizador em outros livros** ("Jornada Ágil de Liderança", "Jornada do Ágil Escalado", futuros livros sobre facilitação, protagonismo e *blockchain*, os três últimos ainda em fase de escrita);
- ✓ **coorganizador de eventos e salas especializadas** (*summits on-line*, Jornada Learning, Globo Day e Talks);
- ✓ **voluntário na entrega de *kits*** na Aliança dos Cegos no Rio.

E isso é um resumo do tanto que me envolvi com a comunidade, vivenciando na veia a **colaboração e a escala** das ações com os nossos amigos. Para ajudar a Jornada a conseguir **tamanha repercussão**, atuei no marketing e nas redes sociais criando conteúdo, compartilhando, fazendo *lives*, etc.

Como ponto alto nessa caminhada e ainda em meio à pandemia, no apagar das luzes de 2020, tive a **felicidade de ser premiado** com o evento da Jornada Globo Day, onde o livro "Jornada do Ágil Escalado", que tive a honra de liderar, se tornou **o maior lançamento da comunidade** até aqui, alcançando 1.400 exemplares vendidos.

Sinto-me **extremamente recompensado** por tudo aquilo que a Jornada me proporcionou, a sensação de pertencimento, a satisfação de ver algo com o qual você se comprometeu nascer e crescer, de ver um **resultado entregue e poder ajudar as pessoas** de diversas formas, seja no **compartilhamento de um conteúdo** via livro ou evento e que pode dar um clique na mente da pessoa, seja transformando sua forma de pensar e agir, e, consequentemente, a sua **realidade pessoal e profissional**. Seja também na **doação de recursos** para pessoas necessitadas, que, mesmo sendo pouco diante da sua difícil realidade, traz aquele **alento para melhorar o ânimo** e prosseguir na sua caminhada diária.

E eu só **me sinto feliz e realizado** com tudo isso, me comprometendo a cada dia para dar o meu melhor em meio a tantas outras iniciativas em paralelo, porque **me conectei profundamente** ao que a Jornada se tornou.

E com esse lindo **propósito de ajudar às pessoas**, encontrei amigos que estão dispostos a colaborar uns com os outros para escalar todas as iniciativas da comunidade, alcançando patamares cada vez maiores e **transformando mais e mais vidas**, verdadeiramente!

Acredito fielmente que nada é por acaso e que **há um plano maior** que rege tudo o que acontece em nossas vidas. Mas também que, dependendo do seu compromisso e do quanto você se dedica a algo, você poderá **colher os frutos** na proporção que você plantou:

> *Lembrem-se: aquele que planta pouco, também colherá pouco, e aquele que* ***planta muito, também colherá muito****. Que cada um dê de acordo com o seu coração... (2Co 9: 6-7)*

E você, **o quanto tem se comprometido** com o seu propósito e para alcançar os seus objetivos?

22. Escuta ativa

Victor Gonçalves

Ouvir ou escutar? Eis a questão! Por mais que ambas as palavras sejam verbos, seus sentidos práticos são notoriamente diferentes nas interações entre equipes. Gosto de dizer que a primeira diz respeito ao ato prático de perceber o som chegando ao seu cérebro, enquanto escutar **é uma entrega legítima de atenção que um ser humano atribui a outro, ou a muitos, no intuito de ter compreensão plena sobre o que está sendo dito.**

Conceitualmente é simples, mas na prática é preciso superar algumas barreiras, inclusive sociais, para escutar com atenção. Vivemos em um mundo transitório que ainda valoriza muito a oratória, esquecendo-se de que comunicação combina também práticas de escutatória. Por isso, não é incomum encontrarmos pessoas nitidamente ansiosas para expor seus pontos em vez de buscar a compreensão do modelo mental do outro simplesmente atribuindo-lhe atenção plena.

Escutar com atenção plena é uma habilidade imprescindível para todos que lideram iniciativas, pois gera equidade, conforto e segurança para a equipe envolvida. Afinal, com poucos sinais, todos sabem que estão sendo levados em consideração, que seus pensamentos são importantes e que assim decisões podem ser tomadas de maneiras mais justas.

O mais interessante é que, ao escutar plenamente, você aprende sobre o modelo mental do outro e consegue inclusive entender suas referências, aumentando seu repertório sobre determinado assunto. Praticar a escuta ativa faz com que você tenha dados – ativos valiosos no mundo de caos – e passa para o time o sentimento de que decisões podem ser tomadas de maneira mais justa.

No dia a dia, liderando equipes, um gestor enfrentará diversos desafios, como o de apoiar os times na identificação de problemas e tomada de decisões; compreender empaticamente todos; suportar o desenvolvimento pessoal de cada indivíduo; ser exemplo inspiracional para que os demais se desenvolvam; além de outros pontos. O fato é que, para que tudo isso ocorra, são necessárias relações humanas, e estas são consideradas propensas a conflitos. Considerando que cada indivíduo é perito da sua própria experiência, isto é, que percebe o mundo a partir de suas crenças e toda singularidade contida nelas, os objetivos de cada ser humano destoam uns dos outros, mesmo que haja integração de valores e bens comuns. Escutar ativamente cada membro de uma equipe é trabalhoso e requer outras habilidades como paciência, humildade e legítima apreciação e curiosidade sobre o outro.

Comumente o livro "Jornada Ágil de Liderança" é citado como uma obra da Jornada Colaborativa que estabeleceu um formato de **gestão de escrita colaborativa** diferenciado para nossos livros. Eu tive a honra de idealizar e liderar a escrita desse livro, mas o fato é que se torna muito mais fácil adaptar alguma coisa depois que essa realidade foi desbravada por corajosos iniciais. Além do mais, com uma equipe cada vez mais madura no processo, o resultado tende a ser incrível. De todo modo, cito aqui o livro "Jornada Ágil de Liderança" porque esse projeto envolveu 86 coautores, até então o recorde de volume de pessoas participando de um livro da Jornada. E com 86 coautores temos 86 universos que precisam ser ouvidos de alguma forma.

Por mais que a equipe da curadoria do livro se esforçasse para colocar regras claras e direcionamentos específicos para todos, é natural que surgissem sugestões, dúvidas ou ainda divergências durante o processo. Lembre-se, foram 86 pessoas, e a maioria nunca trabalhou junto ou sequer se conhecia além do LinkedIn.

Escutar as pessoas foi vital para que pudéssemos demonstrar, a partir de cada interação, a representação clara de respeito que tínhamos um pelo outro e que valorizamos suas histórias. Essa é uma forma orgânica de criar condições para que indivíduos se motivem.

Pense: escuta ativa não se trata de valorizar o que está sendo dito naquele momento em especial; trata-se de valorizar todo o repertório construído consciente ou inconscientemente pelo outro. O que uma pessoa fala em um momento diz muito mais sobre a história dela do que sobre uma opinião, sugestão ou comentário localizado.

Ainda no livro "Jornada Ágil de Liderança", lembro-me que em diversas ocasiões senti a necessidade de ligar para coautores (com quem eu nunca tinha interagido antes de nos envolvermos nesse projeto) e passar horas, após às 22h ou 23h, "apenas" escutando seus pontos, conflitos (sim, eles também aconteceram) e sugestões. E isso foi crucial para a integração de informações que nos permitiu criar um livro tão adorado.

A capacidade de escutar o outro está ligada ao seu emocional e está diretamente ligada ao controle das suas emoções.

Diante disso, elenco três dicas para você gerar credibilidade junto ao seu time e ser percebido como um líder justo, praticante da escuta ativa.

Exercite o *backtracking*

Essa é uma técnica que aprendi em 2012, no meu primeiro curso de PNL – Programação Neurolinguística. Trata-se de prestar atenção naquilo que foi dito de tal modo a checar seu entendimento junto ao interlocutor através de uma síntese, apropriando-se das principais palavras-chave ditas.

Imagine que você está conversando com alguém que está contando uma história. Você acompanha atentamente e até eventualmente pergunta algo para validar seu entendimento pleno. Ao final, você expressa: "deixa eu ver se entendi" – literalmente – e resume, com as palavras-chave apresentadas, seu entendimento sobre o ponto.

Utilizar o *backtracking* é deixar claro que você estava atento ao tempo do outro, além de ser uma poderosa técnica de checagem de entendimento, evitando subentendimentos. Lembre-se: nem tudo é óbvio.

Aplique a regra do "julgamento zero"

Empatia é uma palavra da moda e se encontra nos *#TrendingTopics* de qualquer produtor de conteúdo que fale de *soft skills* e desenvolvimento pessoal e profissional. Mas isso não é um fenômeno inexplicável. Vivemos em uma era que necessita cada vez mais de compreensão sobre as informações e atitudes dos outros (não confunda isso com concordância sobre comportamentos alheios). Empatia está ligada à compreensão do modelo mental de outra pessoa a partir daquilo que ela vive, como vive e como se percebe. É um exercício muito íntimo, porém fundamental para você evitar julgamentos antecipados acerca do seu interlocutor, principalmente se compreendemos que não vemos o mundo como ele é, nós o vemos como somos.

Temos a tendência de julgar o outro pelos nossos próprios ângulos morais. O exercício aqui é adiar essa percepção quase automática que temos sobre o outro e compreendermos a situação pelas crenças e valores daquele que emite a mensagem.

Uma dica extra que ajuda bastante é permitir que o interlocutor se pronuncie de modo confortável, sem interrupções. Entenda que a importância do momento da fala altera o sentimento de quem se pronuncia. Não conclua antecipadamente a fala do outro, deixe-o se expressar. A mensagem é do outro, e o protagonismo também.

Demonstre presença e interesse

Não se distraia. Se possível, até anote os pontos centrais (isso ajuda no *backtracking* – faço isso em todas as minhas reuniões), direcione perguntas e apresente interesse real acerca da situação. O fato de estarmos hiper conectados, vivermos em um mundo efêmero e que, supostamente, sugere uma possível falta de tempo para tudo, pode nos fazer cair na pegadinha da "infobesidade" (excesso de informações) e termos um "desprezo" natural de pontos a serem ditos por outros simplesmente porque estamos ocupados demais pensando naquilo que é melhor para a gente em termos de conteúdo. Mas lembre-se, o momento da escuta ativa é de entrega ao outro. Sem presença isso é impossível.

***

Não restam dúvidas de que escutar ativamente é sinônimo de respeito ao outro, promove o bem-estar e aumenta as chances de elevar os níveis de confiança nas relações. Trata-se da valorização do tempo, da história e da realidade do outro. Leve isso para sua vida além do trabalho, entendendo que você tem a oportunidade de praticar as dicas citadas com seu marido, sua esposa, seus filhos, pais e outros familiares e amigos. Tenho certeza de que seus níveis de relacionamento se tornarão cada vez melhores, pois é nesse momento que paramos de olhar para nós mesmos e nos entregamos ao outro.

23. Maestria

Carol Lucena

Maestria, de acordo com o dicionário Michaelis, significa "profundo conhecimento e sabedoria sobre qualquer assunto ou disciplina" e "habilidade e perfeição na confecção de um objeto ou na execução de uma obra; perícia". Mas antes de explicar como eu sou considerada uma pessoa que pratica essa atitude, preciso explicar o porquê, e para isso preciso contar a minha história!

Meu nome é Carolina, tenho 29 anos e adoro cuidar da minha família, que inclui meu companheiro, três gatas e algumas plantinhas. Amo estar em contato com a natureza, dançar, dar risada com os amigos e cozinhar para as pessoas. Trabalho como agilista há alguns anos, tenho prazer em ajudar as pessoas a se desenvolver e em compartilhar conhecimento. Tenho o hábito de assumir o papel de liderança quando estou em um grupo e sou bem perfeccionista com meu trabalho. Talvez seja por isso que estou compartilhando um pouco da minha história aqui. O que eu espero é que minha experiência possa inspirá-lo e ajudá-lo na sua caminhada.

Meus pais nunca tiveram muito luxo na vida, e por trabalho duro deles eu pude crescer em outro país e aprender outra cultura. Eu vivi 12 anos em uma situação totalmente privilegiada, morando no Japão. A cultura japonesa é muito rígida, e os ensinamentos de que precisamos ser perfeitos no que fazemos são bem presentes. Meus pais sempre quiseram que eu tivesse uma vida melhor do que a deles em termos financeiros. Então, naturalmente, eles exigiam um bom desempenho da minha parte em relação aos estudos e em quase tudo na vida. Com o tempo eu descobri que tudo na vida trata-se de equilíbrio, que podemos sim dar o nosso melhor no que acreditamos, mas que nem sempre precisamos estar 100% produtivos. Mas esse é um tópico para outro livro.

Apesar de ter um certo medo de me arriscar, pois sempre busquei a perfeição, já tentei algumas profissões nesses poucos anos de carreira profissional. Meu sonho de criança era ser comissária de bordo. Então aos 18 anos eu busquei realizar meu sonho, me capacitei e estudei muito para ser a comissária de bordo perfeita. Infelizmente, nunca tive a oportunidade de trabalhar na área, mas alguns poucos anos depois descobri que minha paixão era outra.

Aos 23 anos me formei em ciências contábeis. Além de adorar cada matéria do curso, sempre busquei tirar a maior nota nas provas e nos trabalhos. Hoje eu entendo que cada trabalho e prova em que eu buscava tirar uma boa nota era porque eu gostava muito daquele assunto. Eu realmente gostava de pesquisar sobre o tema e de fato fazer um bom trabalho. Afinal de contas, como ser boa em algo se não existe paixão?

Antes de concluir a faculdade de ciências contábeis, aos 21 anos eu já havia encontrado outra paixão: a engenharia de software. Comecei a trabalhar em uma grande empresa de desenvolvimento de software, e um mundo totalmente novo me foi apresentado. Como não buscar todo o conhecimento possível para realizar meu trabalho da melhor forma possível? Nessa experiência profissional eu adquiri diversos conhecimentos e aos poucos fui entendendo em qual direção eu gostaria de seguir. Alguns anos se passaram e, após alguns meses de indecisão sobre o rumo da minha carreira, em março de 2020 resolvi seguir outro caminho fora dessa empresa. Foi a decisão certa, pois eu buscava novos desafios na minha vida profissional.

Após algumas semanas de descanso, no meio de uma pandemia e com bastante tempo livre para aprender e colaborar, um amigo me apresentou ao grupo da Jornada Colaborativa. No início eu não entendi a proporção dessa comunidade e também não fazia ideia do quanto me proporcionaria aprendizado e experiências colaborativas na época. No início eu comecei a ajudar compartilhando conteúdos nas redes sociais, gravando um vídeo ou outro com mensagens para a divulgação dos *summits on-line* de 2020. Com o tempo eu fui me identificando cada vez mais com o propósito do grupo e me conectando com as nossas realizações. Naquele momento eu não me contentava mais em ajudar de forma superficial, eu queria contribuir mais para aquela comunidade.

Quando eu me senti segura para criar e sugerir novas formas de divulgação, me dediquei ao máximo. Em diversos momentos, me vi dedicada durante horas trabalhando para uma divulgação, para que a nossa comunidade tivesse cada vez mais visibilidade. Eu não possuía nenhum conhecimento sobre design ou marketing digital, mas em diversos momentos estava eu no Google buscando quais cores combinam com quais, como impulsionar minhas divulgações e como criar uma identidade visual. Hoje eu colaboro na criação da imagem da Jornada Colaborativa perante toda a comunidade de desenvolvimento, através do nosso time incrível de marketing digital. O mais incrível disso é que eu pude desenvolver habilidades em mim que eu nem imaginava que existiam, o que abriu portas para novos aprendizados e novos *hobbies* que eu possuo hoje em dia.

Ser voluntária na Jornada Colaborativa para mim é contribuir com a comunidade de TI, me desafiar a cada momento que preciso fazer algo novo, construir relações com pessoas novas, praticar a habilidade de comunicação, me desenvolver profissionalmente, contribuir com a comunidade carente e buscar dar o melhor de mim em todas essas ocasiões. Devido a todo o meu histórico como pessoa e profissional na minha atuação dentro da Jornada Colaborativa, eu busco sempre dar o meu melhor em cada atuação. Se eu pudesse contribuir com algumas dicas para ajudá-lo na sua caminhada, seriam as seguintes:

1. **Seja uma pessoa comprometida com o que faz.** Se você assumiu um compromisso de ajudar alguém no seu trabalho ou você mesmo, dê o seu melhor para honrar esse compromisso. Sem comprometimento não existe maestria, pois somente as pessoas comprometidas conseguem fazer um bom trabalho.
2. **Procure ser uma pessoa mais organizada.** Quando eu preciso entregar um trabalho que vai me demandar foco, procuro organizar as minhas tarefas e às vezes até a minha casa antes. Confesso que tenho muita dificuldade para manter o foco, então quanto menos pensamentos, problemas e pendências eu tiver na minha cabeça, melhor para mim. Por isso, eu me organizo para realizar o meu trabalho e como ele será feito.
3. **Seja feliz!** Se você busca realizar um trabalho voluntário, encontre uma comunidade que o faça feliz. Que traga experiências boas para sua vida, que você possa aprender coisas novas, desenvolver amizades e, acima de tudo, que traga prazer! Tudo que fazemos com amor vale mais a pena.

As experiências que eu compartilhei aqui neste livro são sobre a minha vida. Não quer dizer que são verdades absolutas ou que somente com elas e por elas que eu tenho maestria no meu trabalho. Pode ser que para você seja diferente, que outras coisas o motivem; afinal de contas, você também tem seus interesses, paixões e objetivos. O que eu espero é que você possa se inspirar um pouco com a minha história e que busque se conhecer cada vez mais, para que possa desenvolver habilidades que façam sentido para você!

24. Gratidão

Ibson Cabral da Costa Rego

Gratidão é um sentimento de **reconhecimento**, uma emoção por saber que uma pessoa fez uma boa ação, um auxílio, em favor de outra. Gratidão é uma espécie de dívida, é querer **agradecer** a outra pessoa por ter feito algo muito benéfico para ela.

Gratidão ocorre sempre que alguém faz algo que o outro gostaria que acontecesse, sem esperar nada mais em troca, e isso faz com que a pessoa que fez a ação se sinta feliz e a que recebeu também. A gratidão traz junto dela uma série de outros sentimentos, como **amor**, **fidelidade**, **amizade** e muito mais. É um sentimento muito nobre.

A palavra gratidão tem origem no termo do latim *gratus*, que pode ser traduzido como agradecido ou grato. Também deriva de *gratia*, que significa graça (SIGNIFICADOS, s.d.).

Analisando essa palavra, faço aqui um relato do que aconteceu comigo e a minha relação com a Jornada Colaborativa:

1. No final de 2018 comecei a ingressar no mundo ágil, através de dois amigos, Álvaro e Eduardo, pois trabalhávamos em uma empresa de óleo e gás. Lembro-me de que o primeiro evento foi no Senac, com a presença de vários agilistas, e fiquei impressionado com o tema. As palestras foram encantadoras e viciantes. Com isso, eu tenho gratidão por esses dois amigos.
2. O segundo *meetup* foi no Scrum in Rio, do nosso amigo Frederico. Nesse encontro, eu tive a honra de poder participar do evento falando para uma pequena plateia que nos assistia. Fiquei muito animado com todos os integrantes daquele encontro. Com isso eu tenho gratidão pelo Frederico, por me deixar participar desse encontro.
3. A partir daí não parei de frequentar esses *meetups* (Agile Beer, AgileTalks, Liga Ágil e tantos outros) e fazer muitos amigos (*networking*). Em cada encontro tive experiências fantásticas.
4. Até que, em um desses encontros, eu conheci a Jornada Colaborativa. Todos os integrantes usavam uma camisa na cor preta e com a frase "Jornada Colaborativa".

Fiquei olhando e admirando a organização e a alegria nos rostos de todos que participaram, e foi aí que conheci o Antonio Muniz. Nesse encontro me pediram para que eu filmasse a "chamada" para o outro encontro, que iria acontecer no Senac do Flamengo (bairro do Rio de Janeiro). Fiz o registro desse momento, todos gostaram e foi um sucesso. Diante disso, pude notar um sentimento ainda mais intrigante. O meu coração estava saltitante e eu sabia que aquilo iria se repetir.

5. O tempo foi passando e eu participando de vários *meetups*. Percebi que algumas pessoas que não iam aos encontros porque eles eram todos à noite. E foi em um almoço com o nosso amigo Carlos Alberto (Zeca) que tivemos a ideia de criar um almoço que falasse sobre agilidade. Foi então que surgiu o "Almoço-Up" (*meetup* = Almoço-up) – nós fizemos alguns encontros presenciais com direito a camisas personalizadas "Almoço-Up". Com isso, tenho gratidão ao Carlos Alberto (Zeca) por ter criado comigo esses encontros.
6. Mais *meetups* foram aparecendo e eu ia com a minha camisa estampada com a palavra "Almoço-Up", para que todos soubessem que teríamos a possibilidade de falarmos de agilidade na hora do almoço para as pessoas que não poderiam participar desses eventos noturnos. Com isso, tenho gratidão por todos aqueles que participaram dos encontros do "Almoço-Up".
7. Então certo dia fiquei sabendo que teríamos mais um encontro da Jornada Colaborativa, aquele que iria acontecer no Senac do Flamengo. Diante disso, entrei em contato com os organizadores e me prontifiquei a ajudar a fotografar o evento. O Antonio Muniz me emprestou a sua câmera para que eu pudesse registrar os momentos com uma máquina profissional. Mas a câmera acabou a bateria cedo, e continuei com o meu celular a fotografar todo o evento. Quando o Antonio Muniz me entregou a câmera, eu prontamente lhe pedi uma autorização para que eu pudesse falar sobre o "Almoço-Up" no intervalo de alguma palestra. Ele concordou e sugeriu que eu fizesse o sorteio dos cursos e livros no final do encontro.
8. O tempo foi passando. Eu fiquei ansioso para falar com uma plateia de mais ou menos 200 pessoas. Eu ficava "fantasiando" o que eu iria falar... estava bolando mil ideias para que as pessoas "comprassem" a proposta do encontro "Almoço-Up". Essas horas foram longas demais, almocei rápido, sempre pensando na mensagem que eu iria transmitir para o público presente. A hora foi chegando e o meu coração começou a acelerar.
9. Quando fui chamado ao "palco" para fazer os sorteios de livros e cursos, sem ensaiar ou medir ou ter alguma pretensão, eu comecei a sortear os livros e cursos de maneira bem animada. Todos riam das frases e imitações que eu fazia no palco, foi um momento ímpar no encontro. Fui pegando o jeito e, a cada anúncio de um sorteado, a minha cabeça ia despejando mais alegria. Até que surgiu uma frase que até hoje está eternizada na minha mente.

10. Eu anunciei que a Jornada Colaborativa estava fazendo um sorteio de um novo curso de agilidade "COMO FAZER PIPOCA ÁGIL". Isso foi muito de repente, a ideia veio e falei... foi uma risada geral, todos gargalharam muito, todos comentaram muito... foi um alvoroço danado. O clima esquentou muito... com isso, quero agradecer ao professor Muniz por me proporcionar esse momento.
11. Ao final desse dia, postei no LinkedIn o vídeo do ocorrido. Logo em seguida surgiu um comentário do nosso amigo Conrado Caon, que falou para o Antonio Muniz que o Ibson daria um excelente *host* de um *podcast*. Com isso, quero agradecer ao amigo Conrado Caon.
12. A partir desse comentário, eu, que estava na academia andando na esteira, comecei a procurar como se fazia um *podcast*, pois eu nunca tinha ouvido falar direito disso. Vasculhei a internet e percebi que não era difícil montar um *podcast*.
13. À tarde do mesmo dia, eu já sabia como montar um *podcast* e só me faltava o nome. Aí que, mais do que de repente, me veio a ideia do nome: PIPOCA ÁGIL, como no curso que mencionei no sorteio.
14. O *podcast* já estava montado. Faltavam as pessoas para falar no *podcast*, então pedi para que os amigos gravassem as suas expectativas diante de um *podcast* carioca que falasse de agilidade. Nos primeiros meses, o *podcast* começou a ter episódios quase diários, com muitos personagens do meio agilista.
15. Depois de 1 ano e três meses de *podcast* no ar, já estamos com 26 mil acessos, com mais de 27 países como ouvintes e com 180 episódios.

Resumindo, graças à Jornada Colaborativa eu pude escrever esse texto e ter essa experiência.

Quero agradecer a todos os integrantes da Jornada Colaborativa, e em especial ao Antonio Muniz, por estar ao meu lado em momentos legais e não legais, e também de grandes emoções.

Desde o início eu tenho gratidão por tudo aquilo que vivi e vivo. Em todos os meus episódios eu agradeço a oportunidade que estou tendo agora na minha vida.

Muito obrigado.

Referência

SIGNIFICADOS. **Significado de Gratidão.** Disponível em: <https://www.significados.com.br/gratidao/>. Acesso em: 18 mar. 2021.

25. Dignidade

Paulo Boccaletti

O dicionário Oxford Languages define dignidade como qualidade moral que infunde respeito; consciência do próprio valor; honra, autoridade, nobreza.

Como podemos agregar esses valores para formação e engajamento de times?

Dignidade tem uma relação direta com caráter. É representada também pelo respeito que devemos ter uns pelos outros. Em um grupo reunido por causas comuns, sejam elas causas sociais, ideológicas ou de trabalho, o que se espera dos seus integrantes é que tratem os demais como gostariam que fossem tratados, sendo respeitosos e não enganando, subestimando ou criando qualquer situação que prejudique os demais.

Acreditamos que a jornada para se tornar um profissional de alto desempenho e um líder inspirador passa necessariamente pelo autoconhecimento. Estar seguro de si lhe dará melhores condições de negociação, comunicação, compreensão dos seus direitos e do seu valor para seus pares, sua equipe e organização. A seguir, relacionamos quatro características importantes para trilhar um caminho que nos leve à dignidade.

Respeito por todos

A dignidade tem uma forte ligação com o respeito e a empatia. Fazer o bem, respeitar os demais e tratá-los da mesma forma como gostaria de ser tratado deve ser buscado a todo momento. Um pequeno gesto pode fazer uma grande diferença na vida de alguém.

Vale ressaltar que o respeito se aplica a tudo: diferença de cor, crenças religiosas, orientação sexual e divergência de opiniões.

A falta de respeito em relação à divergência de opiniões é o mais comum de observarmos no dia a dia, principalmente no ambiente de trabalho. Essa falta de respeito tende a ser tratada como um comportamento a ser relevado. Devemos ter cuidado com suas consequências em times, onde o relacionamento entre os indivíduos normalmente se dá por períodos mais longos. Caso esse comportamento não seja identificado e tratado de maneira adequada no menor tempo possível, pode implicar em sérios problemas de relacionamentos.

Comunicação

A comunicação é tida por muitos como a principal *soft skill* a ser desenvolvida por profissionais. Aqueles que pretendem atuar em posições de gestão ou liderança precisam dar uma atenção especial a essa habilidade.

Comunicação não violenta visa ser direto e honesto ao nos conectarmos ao outro, utilizando para isso uma linguagem empática e eficaz. Para sua eficácia, são necessários escuta ativa, uma postura correta, gestos moderados e um bom controle das emoções. Na comunicação não violenta, é comum nos expressarmos demonstrando como nos sentimos em relação a um fato presenciado em vez de nos dirigirmos ao interlocutor acusando-o de algo. Por exemplo, em vez de utilizarmos a frase "você foi injusto comigo naquela reunião", utilizamos a frase "eu me senti injustiçado naquela reunião". A partir do seu sentimento se dará a continuidade da conversa para resolução do problema. Outro ponto a ser observado no quesito comunicação é buscar e saber receber *feedbacks*. É fundamental recebê-los sem se sentir ofendido ou atingido de forma pessoal com aquilo que está sendo dito sobre seu desempenho e comportamento. Por outro lado, ao dar *feedbacks*, você precisa fazê-los de forma respeitosa, relacionados a fatos ou dados e sobre comportamentos e habilidades esperadas daquele profissional.

O *feedback* deveria ser visto, acima de tudo, como um ato de caridade. É você contribuindo de maneira efetiva, dando oportunidade para a outra pessoa melhorar e desenvolver suas habilidades.

Inteligência emocional

Pesquisas apontam que a inteligência emocional é o que faz os profissionais de alto desempenho se diferenciarem dos demais.

Diferentemente das outras duas partes da nossa constituição psicológica, a personalidade e o QI, que pouco se alteram ao longo da vida adulta, a inteligência emocional pode ser aumentada e melhorada.

Precisamos começar pela percepção e identificação de nossas emoções. Estar ciente das próprias emoções é o primeiro passo antes de seguirmos para a expressão das emoções e o seu controle. Entender e administrar nossas emoções nos dá condições de compreendermos como processamos as informações e reagimos a situações sociais complexas.

Flexibilidade

> *Os negociadores mais inteligentes parecem ser capazes de compreender os verdadeiros interesses dos oponentes e de oferecer melhores acordos a baixo custo para si mesmos. (GRANT, 2014)*

Quando falamos em flexibilidade no trabalho, é quase inevitável associarmos diretamente à habilidade de negociação. O que, aliás, faz muito sentido.

Porém, quando falamos em ser um profissional que tem entre suas habilidades a flexibilidade, estamos nos referindo a um aspecto mais amplo, um conjunto de habilidades que o fazem ser reconhecido como tal.

Ter uma visão empática, colher informações, analisar e compreender a situação, dominar as emoções para, por fim, tomar decisões coerentes e que tenham como objetivo beneficiar a todos é o caminho para ser reconhecido como um profissional flexível e, principalmente, justo.

O pensamento no ambiente de trabalho deveria ser sempre que não estamos em uma competição. Não se trata de quem ganha ou quem perde. Seja entre colegas de trabalho ou na relação com clientes e fornecedores, colaboração é a chave. Acreditamos que uma negociação só deve ser considerada bem-sucedida se todos os envolvidos se beneficiarem dela.

Cabe aqui uma breve história. Tom Brady é um dos maiores esportistas de todos os tempos, detentor de grande parte dos recordes da NFL, a liga de futebol americano. Como jogador, ele tem mais títulos que qualquer time da liga.

Somente em 2020 ele recebeu o maior salário da carreira e ainda assim só o colocou entre os *top* 10 salários entre os jogadores naquela temporada. É estranho que um jogador do nível dele não tenha o maior salário dentre todos.

Desde muito cedo, Brady abriu mão de salários maiores para que seus times pudessem contratar outros jogadores renomados para que ele atuasse em equipes realmente fortes e competitivas. Seus companheiros recebiam altos bônus pelas vitórias e títulos. Seus times faturavam alto com marketing, venda de produtos, licenciamentos e uma torcida que crescia temporada após temporada. Uma lição de negociação onde todos ganhavam.

O resultado foi que Brady comandou suas equipes levando-as a resultados impressionantes. Quebrou recordes atrás de recordes e se tornou uma lenda do esporte.

Invista todas as suas fichas em suas equipes. Doe-se para eles e por eles. Tenha como meta o desenvolvimento dos seus liderados. O seu sucesso será consequência disso, e certamente você colherá bons frutos dessa sua doação.

Reforço a importância do autoconhecimento para a jornada que levará você, seus pares e seus liderados para a obtenção de bons resultados e um ambiente harmônico por meio da dignidade.

Referências

CÉSAR, Caio. Comunicação assertiva: 8 dicas para se expressar melhor! **Voitto**, 22 set. 2020. Disponível em: <https://www.voitto.com.br/blog/artigo/comunicacao-assertiva>. Acesso em: 16 mar. 2021.

EQUIPE IBC. O que é dignidade e qual sua importância em nossas vidas? **Instituto Brasileiro de Coaching**, 31 ago. 2020. Disponível em: <https://www.ibccoaching.com.br/portal/comportamento/o-que-e-dignidade-e-qual-sua-importancia-em-nossas-vidas/>. Acesso em: 16 mar. 2021.

ESCOLA CONQUER. **4 práticas para uma comunicação assertiva a distância.** 15 maio 2020. Atualizado em 01 dez. 2020. Disponível em: <https://escolaconquer.com.br/4-praticas-para-uma-comunicacao-assertiva-a-distancia/>. Acesso em: 16 mar. 2021.

GRANT, Adam. **Dar e receber.** Rio de Janeiro: Sextante, 2014.

26. Confiança

Déborah Zavistanavicius Zapata

Confiança requer coragem!

Começar pela etimologia da palavra já traz ótimos *insights* de quão profundo é esse sentimento:

Do Latim *confidentia*, "**confiança**", de *confidere*, "acreditar plenamente, com firmeza", formada por ***com*** mais ***fidere***, "acreditar, crer", que deriva de ***fides***, "fé".

No dicionário:

> *substantivo feminino*
>
> *1.crença na probidade moral, na sinceridade, lealdade, competência, discrição etc. de outrem; crédito, fé. "ter profunda c. num amigo"*
>
> *2. crença de que algo não falhará, de que é bem-feito ou forte o suficiente para cumprir sua função. "tem c. nos freios para correr assim?"*

Dito isso, pense em como é o trabalho da Jornada e a aplicação da **confiança** que o Muniz pratica desde o momento zero!

No início da busca de colaboradores para concretização do propósito, era um salto no desconhecido, tanto para que pudesse validar suas hipóteses do **valor gerado e percebido** da realização deste projeto quanto do encontro dos profissionais que inicialmente quisessem participar e com o conhecimento necessário para transmitir conceitos da melhor forma para a comunidade.

Esse início foi mais complicado e complexo, mas com **coragem**, **persistência** e **fé** em seu propósito conseguiu encontrar seus primeiros parceiros de jornada, e assim houve a criação do primeiro *best-seller.*

Meu início na Jornada Colaborativa foi inesperado e um dos melhores presentes em minha vida, não só para acrescentar lastro de conhecimento, novos amigos, parceiros, mas acima de tudo para gerar esse sentimento em mim mesma.

Há muito tempo eu tinha a vontade de escrever um livro, mas faltava algo que eu não conseguia dimensionar – um receio, não medo! E esse receio não me permitia sair do zero.

As palavras e a confiança que vi no olhar, principalmente nas atitudes iniciais de ser colocada como coautora de um capítulo e depois como organizadora e curadora, geraram em mim a fagulha que faltava.

A combinação da confiança externa e interna me permitiu quebrar as barreiras para realizar um dos projetos mais bacanas e desafiadores, porque realizar algo dessa magnitude de conexão de coautores e entregas em um tão curto período não foi simples, mas entregamos.

Houve desafios para todos, uma vez que já iniciamos tudo isso em um período de incertezas mundiais. Novas necessidades se apresentaram e com muita confiança em nós e em todos seguimos para a concretização de nosso livro "Jornada do Ágil Escalado".

Uma das frases mais ditas por mim é que a vida acontecerá, independentemente de nossa vontade de qual caminho ela seguirá. Não há controle dos eventos, mas o controle do que podemos fazer com o que a vida nos apresenta.

Devemos iniciar com o conhecimento de nossas vulnerabilidades e reconhecer que SIM, não há nada errado com isso, todos os seres humanos possuem vulnerabilidades. Com esse entendimento conseguimos partir para planos de ação de como nos melhorarmos em todos os níveis envolvidos. Conseguimos assim seguir com confiança em nós mesmos e gerando confiança no ambiente em que estamos inseridos.

> *Portanto, ao conceito de confiança incorporam-se os seguintes pressupostos:*
>
> *• A confiança reduz a sensação de complexidade do ambiente, na medida em que propõe ao indivíduo a garantia da realização de determinado compromisso que, isoladamente, ele não teria condições ou informação suficiente para fazer.*
>
> *• A confiança se dá numa relação que envolve riscos, calculados ou não, de frustração. (FISCHER; NOVELLI, 2008)*

Essa jornada não gera somente a oportunidade de adquirirmos conhecimentos técnicos, mas também de termos confiança em nós mesmos. Quando conseguirmos nos olhar e perceber o quanto podemos contribuir como seres humanos complexos, com tanto lastro e história para dividir, e quando nos livrarmos dos rótulos que vamos adquirindo pela vida, veremos o quanto isso mudará nossa confiança e nosso olhar e posicionamento no mundo.

Referência

FISCHER, Rosa Maria; NOVELLI, José Gaspar Nayme. Confiança como fator de redução da vulnerabilidade humana no ambiente de trabalho. **Rev. adm. empr.**, vol. 48, n. 2, São Paulo, abr./jun. 2008.

27. Vitalidade

Luiz Mandarino

Como tudo começou

Quando recebi o convite do Muniz para representar um dos arquétipos (a vitalidade) valorizados na Jornada Colaborativa, fiquei emocionado não apenas pelo reconhecimento pessoal, mas também por ter a oportunidade de servir como um exemplo para que mais pessoas possam se engajar nesta incrível iniciativa.

E saber que esse reconhecimento também é percebido pelos curadores e principalmente pelos coautores renova as energias de participar e contribuir com essa família.

Tem uma passagem clássica na história do Homem Aranha, quando o tio Ben fala para o Peter Parker: "grandes poderes trazem grandes responsabilidades". Podemos traduzir isso para "quem tem mais recursos possui o dever de agir e sempre fazer mais".

Como diz o filósofo Sócrates: o verdadeiro conhecimento vem de dentro. E a verdadeira descoberta está no interior da alma humana, e não fora dela.

A meu ver, dois grandes poderes são aplicados por todos os que passam pela Jornada Colaborativa: conhecimento e generosidade.

O **conhecimento** é um recurso habilitador, pois ele é um bem que todos nós possuímos e que sempre temos a oportunidade de compartilhar. E a **generosidade** é uma atitude executora, uma ação que deve ser praticada e principalmente exercitada, especialmente quando aplicamos a empatia e a colaboração.

Esses dois elementos combinados atuam como catalisadores do aprendizado contínuo, que transforma vidas e ajuda pessoas e instituições de caridade. E tudo isso acessado pela inteligência coletiva, promovida pela junção do conhecimento, dos talentos e das experiências ímpares que cada curador e coautor possui, viabilizada através de conteúdos gerados de alta qualidade.

Bom, mas você já deve estar curioso para saber sobre a atitude escolhida e que terei o prazer de representar: a vitalidade.

O que é vitalidade?

A palavra **vitalidade** pode ser definida pela capacidade de viver, de se desenvolver. Está muitas vezes ligada à força vital, ao vigor e ao conjunto das funções vitais do organismo.

Temos como expandir o conceito não somente para o vigor físico, mas também para a força mental. E quando ligamos ao comportamento, define pessoas que possuem um caráter animado, uma grande capacidade de ação e de entusiasmo.

Quando vi essa definição eu quase caí para trás: não é que eu sou assim mesmo?!

Vale contar o momento em que tive o prazer de conhecer o Muniz pessoalmente. Foi em 18 de setembro de 2019, quando palestramos em um evento presencial do PMI-Rio (*meetup* PMI Rio).

O tema central era o pensamento complexo no mundo VUCA: novo paradigma do gestor moderno.

Mesmo sem combinarmos o conteúdo das apresentações, já deu para perceber uma grande conexão entre as duas palestras: abordam muito o tema da mudança de mentalidade. O Muniz falou sobre *mindset* ágil e digital, e eu provoquei a plateia de que a verdadeira transformação está nas pessoas.

E foi nesse dia que fiquei sabendo um pouco mais sobre a Jornada Colaborativa. Rapidamente me conectei com o Muniz, e trocamos contato pelas redes sociais. Pelo seu senso empático e capacidade perceptiva, tivemos a ideia de trazermos o tema da inovação para a Jornada, que será um futuro livro.

Mas foi no dia do lançamento do segundo livro ("Jornada Ágil e Digital"), no dia 23 de novembro de 2019, no Rio, que a Jornada me conquistou.

Acabei chegando um pouco mais cedo e vi a galera se empenhando para colocar um evento para 200 pessoas de pé, apenas com voluntários.

Quando vi o astral e o empenho do time de voluntários, internamente eu pensei: não dá para ficar fora desse movimento!

Como sempre digo: soldado no quartel ou quer prisão ou trabalho. Parti para a segunda opção e, inspirado pelo exemplo de uma galera mais que proativa, arregacei as mangas e me inseri como voluntário.

A experiência como um todo foi um divisor de águas para me aprofundar ainda mais no tema. Estava em plena transição de carreira, e mergulhar profundamente neste ambiente, com pessoas inspiradoras, me ajudou a melhorar como líder e profissional de inovação, principalmente por entender como a **(r)evolução** da agilidade vem impactando projetos e o trabalho em equipe.

Impressionante como a serendipidade, aquele "feliz acidente" em setembro de 2019, que poderia ser definido como um encontro por acaso, de modo imprevisto e inesperado, era exatamente aquilo que eu desejava e precisava, e que se alinhou com o meu propósito e coração.

A prática realmente faz o monge?

Tenho a visão prática de que a vitalidade está ligada a duas forças fundamentais: força física e força mental. Sem a composição desses dois elementos, é muito difícil empreender uma mudança na sua vida pessoal ou profissional.

Gosto muito da frase do psiquiatra, psicoterapeuta, cientista e escritor Augusto Cury: "as conquistas dependem de 50% de inspiração, criatividade e sonhos, e 50% de disciplina, trabalho árduo e determinação. São duas pernas que devem caminhar juntas".

O encontro dessas duas forças gera a chama da vitalidade, um combustível poderoso e uma fonte inesgotável de conquistas.

Uma particularidade que cito na minha minibiografia é o Ironman. A palavra já traz muitos significados e pode ser associada com vitalidade. Esse desafio de *endurance* (resistência), com os seus 3,8 km de natação, 180 km de bicicleta e 42 km de corrida, tudo em um mesmo dia, pode parecer impossível para um ser humano normal.

E se eu dissesse que consegui completar esse desafio incrível sem saber nadar e andar de bicicleta?

Não vou dar *spoiler*: vou deixar você curioso para saber um pouco mais dessa história, que está no livro "Jornada Saudável".

Depois de muito refletir, pude concluir que, para abraçar um desafio como esse, era necessário acessar a minha vitalidade, a "chama interior para ir além", e dominar três elementos fundamentais: **vontade**, **compromisso** e **persistência**.

Três autores (Charles Duhigg, Carol Dweck e Bob Bowman) me ajudaram a entender que os desafios pessoais e profissionais, quer sejam individuais ou em equipes, passam por trabalhar a sua mentalidade e atitude.

No livro "O Poder do Hábito" (2012), Charles Duhigg fala que o hábito é composto por três elementos: deixa ou gatilho, rotina e recompensa. Esses itens formam a vontade que nos faz executar uma mesma ação repetidas vezes de forma inconsciente.

Acreditar faz com que possamos ter força de vontade, que é "um músculo" que devemos exercitar para deixá-lo cada vez maior.

O esporte é uma dessas alavancas, por ajudar a conter melhor os impulsos, distrair das tentações e buscar outros hábitos saudáveis.

Um outro fator importantíssimo para exercitar a força de vontade é ter **autonomia**. E uma das atitudes que promovem a agilidade nas corporações é dar autonomia e permitir que os times tomem certas decisões, para não os limitar com o excesso de controle.

Carol Dweck, no livro "Mindset: a nova psicologia do sucesso" (2017), concluiu, ao longo de 20 anos, que a opinião que adotamos a respeito de nós mesmos afeta profundamente a maneira pela qual levamos a nossa vida. Essa opinião pode decidir se você se tornará a pessoa que deseja ser.

E uma grande pergunta é: como pode uma simples crença ter o poder de transformar a vida?

A resposta é exercitar a "mentalidade de crescimento", onde abraçamos os **desafios**, persistimos nos obstáculos, vemos o esforço como um caminho para o crescimento, a crítica como aprendizado e o sucesso dos outros como uma inspiração para a nossa evolução.

E sempre há uma escolha. Os "mindsets" nada mais são do que crenças. Essas crenças poderosas são apenas algo que está na nossa mente, mas que temos o poder de mudar.

Bob Bowman, o técnico do grande nadador Michael Phelps, no livro "As Regras de Ouro: dez segredos para se tornar um campeão na vida e nos negócios" (BOWMAN; BUTLER, 2016), afirma que essas regras são aplicadas nos atletas que ele treina, mas elas parecem ter saído de um livro de gestão de equipes ágeis.

No próximo tópico detalho as dez regras de ouro para que seja possível iniciar a prática da vitalidade após a leitura do livro.

Como ativar a vitalidade no seu dia a dia?

A busca de um campeão muitas vezes está relacionada com o sinônimo de sucesso. A seguir, um paralelo entre as regras de ouro e o dia a dia junto a equipes que implementam projetos:

- ✓ **Regra 1:** defina um "grande sonho" como sua visão. Sem uma grande inspiração, um sonho, não temos como ter a vontade de dar o primeiro passo. Isso se aplica à implementação de um grande projeto profissional, a um feito acadêmico e à conquista de uma prova esportiva.
- ✓ **Regra 2:** adote a atitude "vamos com tudo!" e não "cai fora". Ter a resiliência para enfrentar o ceticismo e as crenças limitantes é fundamental para que se tenha o combustível necessário para seguir em frente, sempre!
- ✓ **Regra 3:** corra riscos e depois desfrute dos resultados. Insanidade é continuar fazendo sempre a mesma coisa e esperar resultados diferentes. Sem uma dose de desafio, arrojo e mudança na forma de pensar e agir, será difícil atingir resultados surpreendentes.
- ✓ **Regra 4:** metas de curto prazo levam ao sucesso de longo prazo. Para quem realiza *Sprints*, esta regra faz todo o sentido!
- ✓ **Regra 5:** viva o sonho todos os dias. É preciso manter a motivação! Quando desanimar, reveja uma foto de uma grande conquista, o resultado de um projeto bem-sucedido ou revisite o propósito assumido por você e pelo time.
- ✓ **Regra 6:** uma abordagem de grupo pode resultar em sucesso individual. Um expressivo resultado via de regra não é conquistado apenas por um único

indivíduo. É um trabalho de equipe! Isso vale na vida pessoal (lembre-se das pessoas importantes da sua família e dos grandes mestres que passaram na sua vida) e profissional (grandes mentores e líderes que ajudaram no seu desenvolvimento profissional e na dedicação de cada membro da sua equipe).

- ✓ **Regra 7:** continue sempre motivado. Sempre haverá pedras no caminho. Por isso, deixe a sua paixão conduzir você, não perca de vista o seu objetivo.
- ✓ **Regra 8:** a adversidade vai torná-lo mais forte. O desconforto é a chave para a evolução. Abraçar esse sentimento ajuda a lidar com o estresse e com o sentimento de decepção quando algo falhar.
- ✓ **Regra 9:** quando chegar a hora, aja com confiança. Aprenda com o desempenho passado e viva o momento. Manter o foco e o pensamento de que você e seu time estão preparados para enfrentar a "hora da verdade" é fundamental.
- ✓ **Regra 10:** Comemore a conquista e então defina o que vem a seguir. Chegou ao topo? Comemore, curta o momento. Mas logo depois defina um novo sonho, uma nova meta. Na Jornada Colaborativa isso é exercitado à enésima potência! A mentalidade de **experimentar**, **estruturar** e **escalar** é o que vem fazendo a Jornada gerar tanto conteúdo e impactar positivamente vidas.

Este ano de 2021 vem sendo desafiador como o ano de 2020, em função da pandemia. Mas manter o foco, a disciplina de execução e o aprendizado constante sempre foi o caminho para que eu pudesse superar as dificuldades.

E nos momentos de perda de motivação, poder se engajar em uma causa é algo poderoso, que nos energiza. Por isso, quando estiver desmotivado, pense nas três palavras que transformam sonhos em realidade: **vontade**, **compromisso** e **persistência**.

Referências

BOWMAN, Bob; BUTLER, Charles. **As Regras de Ouro:** dez segredos para se tornar um campeão na vida e nos negócios. São Paulo: Benvirá, 2016.

DUHIGG, Charles. **O Poder do Hábito:** por que fazemos o que fazemos na vida e nos negócios. Rio de Janeiro: Objetiva, 2012.

DWECK, S. Carol. **Mindset:** a nova psicologia do sucesso. Rio de Janeiro: Objetiva, 2017.

28. Foco

André Guilhon

Em muitas vezes na minha vida eu me enrolei. Sim. Eu me enrolava com as minhas próprias prioridades. Eu sempre tive muitas tarefas e sempre estive muito ocupado. Eu convivia com uma sensação de que eu não estava entregando resultados proporcionais ao trabalho que eu executava. E o que mais me deixava injuriado era que eu me considerava (e sou) um indivíduo organizado e planejado. E não importava o quanto eu me organizasse ou como eu me planejasse: eu iria me enrolar. Como pode isso? Você se organiza e se planeja da forma mais perfeita possível e ainda assim continua todo enrolado no seu dia a dia e sem tempo para nada?

Bom, com o passar do tempo e com a experiência de vida adquirida, eu fui aprendendo que o problema não estava somente no "antes", mas também no "durante". Ou seja, o meu problema não iria se resolver **antes** das coisas acontecerem, me planejando e organizando. O meu problema ainda precisaria de muita atenção **durante** o acontecimento das coisas, pois é aí que me faltava **foco**. O que eu pretendo contar neste capítulo é a história de como eu deixei de ser alguém completamente sem foco para controlar os fatores internos e externos, pois ambos comprometiam (e se eu deixar ainda comprometem) a minha concentração no que realmente importa.

A verdade é que nós vivemos em um mundo saturado de distrações que sequestram a nossa atenção o tempo todo. É um mundo com um grande fluxo de informações disponíveis a todo momento, sendo atualizadas a todo instante. A esmagadora maioria dessas informações está completamente fora do nosso propósito ou, por exemplo, fora do nosso objetivo específico de tarefas daquele dia. Você pode, por exemplo, precisar acessar seus últimos e-mails profissionais e... pronto! Um *banner* tentador com aquele produto que você tanto deseja comprar surge e sua atenção é totalmente desviada para o preço inacreditável do seu sonho de consumo. Ou então, que tal precisar acessar o seu celular para consultar suas últimas ligações e inúmeras novas notificações dos aplicativos que você mais ama aparecerem quase que gritando para você: "por favor, abra-me!"?

Daniel Goleman é um psicólogo e jornalista científico americano considerado o "pai da inteligência emocional". Ele divide o foco em três principais tipos (GOLEMAN, 2013): o foco em si mesmo, o foco nos outros e o foco no ambiente geral. O foco em si mesmo nos permite compreender e controlar os nossos sentimentos e emoções, identificando nossos valores e os momentos mais adequados para a tomada de decisão. O foco nos outros é aprender, é captar sinais, é o que nos faz ouvir o que os outros têm a dizer, é se relacionar com pessoas e se colocar no lugar do outro. E o último tipo é o foco no ambiente geral. Ele é a soma dos dois primeiros tipos com o que ocorre no panorama geral ao seu redor.

Eu trouxe o Goleman para este capítulo por alguns bons motivos. Primeiro, por ele ser uma referência quando o assunto é foco e ciências comportamentais de um modo geral. Segundo, para lhe mostrar que se você for alguém que vive mais no "mundo do foco em si mesmo" ou mais no "mundo do foco nos outros", esse desequilíbrio é o primeiro passo a ser trabalhado para uma otimização do foco na sua vida pessoal ou profissional. E, por último, eu gostaria de ressaltar que sempre fui muito organizado e planejado, e mesmo assim as coisas não davam certo, lembra? Ou seja, se você parar para analisar, Goleman também me ajudou a entender que eu estava com o foco em desequilíbrio. Eu estava apenas com o foco em mim mesmo. O único momento em que eu achava que estava sendo focado era quando eu me planejava e me organizava para a próxima semana ou para o próximo mês. Eu não percebia o quanto eu negligenciava o segundo tipo de foco, o foco nos outros. E muito menos eu identificava a existência do terceiro tipo de foco, o foco no ambiente geral. Apesar de organizado e planejado, eu não observava outras coisas muito importantes, como, por exemplo:

- ✓ **Procrastinação:** eu procrastinava muito! Nesse caso, temos aqui um problema de "foco em si mesmo". A procrastinação pode ser consciente ou inconsciente, mas em ambos os casos o resultado é o mesmo, a gente empurra as tarefas mais importantes para depois. Às vezes a procrastinação ocorre porque procuramos nos dedicar a algo "mais fácil" ou até mesmo a algo mais prazeroso. Sobre procrastinação, eu sugiro ao leitor uma pesquisa mais profunda sobre o assunto. É um tema muito importante.
- ✓ **Distrações:** hoje me parece muito óbvio, mas antes não. Antigamente eu acreditava ser possível trabalhar, ou me dedicar a algo importante, ao mesmo tempo em que interagia em redes sociais, respondia e-mail ou deixava alguma televisão ligada. Hábitos esses que hoje eu já não executo mais por serem clássicos ladrões de concentração. Também é muito importante providenciar que barulhos, alertas, abas de navegador, enfim, tudo que possa desviar a sua atenção, sejam desligados e/ou desativados.

- ✓ **Multitarefa:** outra péssima atitude que eu aprimoro até os dias de hoje é controlar o trabalho multitarefa. Essa atitude basicamente se resume ao fato de mudar rapidamente de uma tarefa para outra como se você estivesse trabalhando em várias coisas ao mesmo tempo, só que cumprindo um pedacinho delas por vez. Para uma máquina isso funciona perfeitamente bem, mas para o ser humano não. Portanto, o mais adequado é escolher a próxima tarefa e se envolver totalmente com ela até concluí-la.

Para que nós possamos visualizar que a falta de foco é um problema que afeta o mundo em escalas consideráveis, eu vou falar um pouco sobre uma pesquisa realizada em 2017 pela Harvard Business Review (HOUGAARD; CARTER, 2017). A pesquisa entrevistou 35 mil líderes de empresas em mais de 100 países e trouxe muitos resultados preocupantes. É claro que esses profissionais vivem uma rotina extremamente desafiadora e geralmente com muitas tarefas distintas a serem executadas em um curto espaço de tempo. Porém, independentemente da profissão e do cargo que se exerça, a vida é feita de escolhas, e nós sempre poderemos escolher fazer as nossas atividades e deveres de uma forma melhor. Por mais difícil e complicado que tudo ao seu redor se apresente, sempre haverá uma maneira de você tomar pequenas atitudes e começar, nem que seja aos poucos, a alterar a rotina que você sabe que precisa de uma mudança. Ao final deste capítulo eu vou falar um pouco sobre essas dicas, mas por enquanto vamos a alguns números da pesquisa.

- ✓ 73% dos entrevistados sentem que algumas vezes ou a maior parte do tempo estão distraídos em relação a sua tarefa atual.
- ✓ 67% dos entrevistados sentem que têm muita tarefa na cabeça e falta de prioridade clara.
- ✓ 65% dos entrevistados não conseguem concluir suas tarefas.
- ✓ 26% dos entrevistados acham que a maior fonte de distração são as demandas de outras pessoas.
- ✓ 25% dos entrevistados acham que a maior fonte de distração são as prioridades concorrentes.
- ✓ 13% dos entrevistados acham que a maior fonte de distração são as distrações gerais.
- ✓ 12% dos entrevistados acham que a maior fonte de distração é a alta carga de trabalho.

Todo processo de mudança é difícil, pois exige uma alteração de comportamento. E mudar é difícil, o ser humano é avesso a mudanças em sua essência. Aqui cabem dois pontos que vão exigir estudo e reflexão do leitor após a conclusão do capítulo.

O primeiro ponto é a própria mudança. Para melhorar o foco você precisará ser capaz de se adaptar a algumas mudanças, ou melhor, experimentar novas tentativas de se tornar mais produtivo tentando evitar desvios de atenção para atividades menos importantes. O segundo ponto é o autoconhecimento, que é uma premissa mandatória para que você alcance sucesso na melhora do foco. Entender quais são os seus mais profundos pensamentos e sentimentos e o quanto eles impactam no seu dia a dia são pilares de alguém que deseja otimizar o seu foco. Nada nessa vida é fácil e não será este capítulo que vai fazer você ter mais foco. O que eu desejo é fazê-lo despertar para as possibilidades e mostrar como eu fui, aos poucos, melhorando a minha condição de desfocado para alguém mais focado. Eu já mencionei que você precisa estudar sobre como evitar a procrastinação, como evitar distração e como não ser multitarefa. O autoconhecimento, a adaptação a mudanças e experimentações e inclusões de novos bons hábitos foram tentativas que gradualmente melhoraram o meu foco profissional e, paralelamente, a minha vida pessoal. Sugiro que o leitor também pesquise mais sobre esses assuntos para começar sua caminhada rumo ao aprimoramento do foco.

Uma vida mais leve e focada

Após quase uma década de transformação em diversas áreas da minha vida, incluindo a profissional, pessoal, espiritual etc., eu venho descobrindo que existem certas habilidades que temos mais latentes e outras para as quais "parece que não temos aptidão". Porém, as habilidades para as quais você acredita que não tem aptidão, mas que gostaria de ter, podem e devem ser desenvolvidas. Você só precisa de esforço, dedicação, treinamento e repetição. E com o foco não é diferente. Se você acredita que é uma pessoa totalmente sem foco e que "já tentou de tudo" e que "não serve pra isso", só falta mesmo esforço, dedicação, treinamento e repetição. Acredite, há mais de 10 anos eu acreditava que muita coisa "não era pra mim", inclusive ter foco.

Para finalizar o capítulo, eu gostaria de deixar algumas dicas pessoais que eu pratico até hoje e que me ajudam a me manter focado, pois isso é um exercício diário.

Organizar e planejar

Eu sou uma pessoa com muitos projetos pessoais e profissionais, então passei a perceber que eu não dava conta de fazer tudo o que eu queria. Outro ponto importante que entra aqui é o propósito de vida, que precisa estar bem claro. Para onde você quer ir? O que você deseja estar fazendo profissionalmente ou pessoalmente daqui a 10 ou 20 anos? É preciso ter ao menos uma ideia. No meu caso, por eu gostar muito de oportunidades e projetos, eu preciso sempre priorizar ou descartar o que vou fazer. Sabendo o meu propósito de vida, eu já sei quais oportunidades estão ou não alinhadas com o meu propósito. Assim, essa tarefa de priorização fica mais fácil.

Ainda na etapa de organização e planejamento, você precisa criar metas e objetivos, que precisam ser alcançáveis e realistas. As metas guiam o nosso trabalho. Ainda que o objetivo seja complexo e o prazo longo, é necessário definir uma quantidade de produção e entregas parciais até o final. Caso contrário, você tenderá à procrastinação.

Após definir seus projetos e atividades prioritários, você precisa definir quais as principais atividades e ações que vai precisar tomar em cada projeto (ter pelo menos uma ideia). Tais atividades e ações são importantes para que você possa construir uma rotina diária. Você não pode começar sua semana sem saber tudo que está programado e tudo que você deve fazer para que seus projetos caminhem em direção aos objetivos e metas que você traçou.

Executar o planejado

Ao executar o que foi planejado, muitas coisas podem e vão ocorrer – uma delas é não sair tudo conforme o imaginado. E com muita calma e paciência vamos aos poucos procurando entender o que está dando errado e comprometendo o resultado. Será realmente que a carga de trabalho está elevada ou será que sou eu que estou perdendo muito o foco? Seja sincero com você mesmo e aos poucos vá ajustando e se conhecendo mais.

Sim, você também precisa treinar o foco! O que você faz quando quer ganhar massa muscular? Você se exercita. Não apenas uma vez, mas regularmente. Treinar o seu cérebro para permanecer focado é uma questão de regularidade e prática. Um exercício que indico é se desafiar a fazer uma tarefa por determinado tempo, sem parar e sem dar atenção a mais nada. Se você conseguir cumprir, você pode aumentar o tempo. Eu atualmente utilizo essa técnica quando estou com um problema que preciso resolver e que vai necessitar da minha total atenção.

Ainda dentro da execução do planejado, uma das principais tarefas (talvez a principal) é aprender a dizer não. Seja claro sobre o objetivo que você realmente deseja alcançar. Se você estiver organizado e planejado, você sabe o que precisa fazer, sabe o que pode delegar e sabe as tarefas e atividades que não são prioritárias. O seu tempo é o seu bem mais valioso e você não deve desperdiçá-lo facilmente.

Cuide de você

A vida não é feita somente do trabalho e de uma rotina acelerada dentro de um escritório. Nós precisamos cuidar das nossas famílias, do nosso corpo, alma e espírito. Para viver uma vida focada, deve haver espaço no seu planejamento para dedicar algumas horas a você mesmo. Como você irá utilizá-las já é uma outra história, mas que você precisa de horas para você, você precisa. Nem que seja para ficar duas horas deitado em uma rede comtemplando a Lua e o céu noturno.

Desde que eu comecei a minha transformação pessoal nessa última década, muita coisa vem acontecendo e eu venho cada vez mais me permitindo experimentar coisas novas, como, por exemplo: voltei a praticar corrida, comecei a tocar um instrumento musical e comecei a meditar. Outra coisa bacana que experimentei e hoje acredito que todas as pessoas do planeta deveriam tentar é procurar uma orientação psicológica, pois isso sempre tem o potencial de auxiliar na busca pelas nossas mais íntimas perguntas.

Espero ter ajudado você a refletir. Não existe ser 100% focado. Mas é possível se tornar mais focado. É impossível não se distrair com nada. Mas dá para diminuir o número de vezes que você se distrai. A sua diferença em relação a qualquer outra pessoa é tão-somente esforço e dedicação. Chegou a sua hora.

Referências

GOLEMAN, Daniel. **Foco:** a atenção e seu papel fundamental para o sucesso. Rio de Janeiro: Objetiva, 2013.

HOUGAARD, Rasmus; CARTER, Jacqueline. Are you having trouble focusing? These simple strategies will help. **Harvard Business Review**, Dec. 26, 2017. Disponível em: <https://hbr.org/2017/12/are-you-having-trouble-focusing-these-simple-strategies-will-help>. Acesso em: 16 mar. 2021.

29. Adaptabilidade

Luiz Labriola

Adaptabilidade talvez seja a atitude colaborativa mais mencionada em ambientes de agilidade. Como falar de agilidade sem ter o *mindset* ágil ou sem falar da adaptabilidade? Entra aqui um paradoxo. O autor que escreve este capítulo não é um agilista, e talvez nunca seja ou nunca queira ser.

Em um primeiro momento, confesso que quando recebi o convite para escrever este capítulo fiquei com dúvida se seria a melhor pessoa para falar sobre adaptabilidade e se essa atitude seria de fato a minha principal. Antes de começar a escrever o capítulo, fiquei refletindo sobre como as pessoas me enxergam. Em outras palavras, se profissionalmente sou uma pessoa adaptável aos olhos da minha rede profissional. Novamente, não sou um agilista. E sempre defendo métodos agnósticos. Ou seja, utilizar a abordagem que melhor resolve o seu problema, seja ágil, preditivo ou híbrido.

Pois bem. Vou contar a minha história na Jornada e convido você leitor a ter a sua própria opinião sobre como você me enxerga com a história mencionada aqui. Além disso, será importante compartilhar com você se é possível ser adaptativo em ambientes de incertezas e mudanças sem ser um agilista ou alguém que defende sempre o ágil. Antes de começarmos a minha jornada na Jornada, vamos trazer uma breve definição de adaptabilidade.

A adaptabilidade é a capacidade que um indivíduo tem de se adaptar, de acordo com as necessidades, situações e circunstâncias. Trata-se da aptidão para viver em condições diferentes daquelas às quais está naturalmente acostumado" (ICC, s.d.).

Adaptabilidade não é algo novo, mas nos ajuda a compreender respostas a mudanças. Algo amplamente conhecido, mas que cada vez mais faz parte do nosso dia a dia.

O 35º presidente dos Estados Unidos, John F. Kennedy, comentou certa vez que: "a mudança é a lei da vida. E aqueles que apenas olham para o passado ou para o presente irão, com certeza, perder o futuro". Sem mais introduções, vamos para a minha história.

Minha história na Jornada Colaborativa

Coautor aprendiz

Tudo começou por acaso, literalmente. Uma vez fiz uma palestra sobre liderança em um evento fora da minha empresa e publiquei o conteúdo em uma revista de mercado. Comprei a edição da revista que tinha o meu artigo e dei de presente para o meu diretor. Naquele momento pude ver o brilho no olho do meu diretor e ganhei elogios por estar conectado com o mercado e me expondo. Esse foi o gatilho de tudo!

Já ouviu aquele ditado, "uma coisa puxa a outra"? Foi exatamente o que aconteceu comigo. Fui indicado para participar da Jornada Colaborativa e na época pensava: qual era o objetivo da Jornada? E quais as contrapartidas que sempre existem? Filiação? Certificação? Voltarei na contrapartida no final do capítulo.

Lembra do gatilho mental? Apesar do artigo não estar relacionado diretamente com a empresa, qual gestor não admira um colaborador que esteja indiretamente colocando o seu nome como uma carta na mesa? Com essa carta com meu nome, surgiu uma possibilidade de trilha de crescimento na minha empresa em determinado assunto.

Existia um livro em andamento justamente sobre o assunto. Às vezes é preciso um pouco de sorte, de estar no lugar certo na hora certa. Eu me coloquei como coautor aprendiz em três capítulos e em um capítulo como líder. A estratégia na época era escrever mais capítulos. Queria utilizar a estratégia do artigo com o livro dessa vez.

Lá fomos nós para a escrita do livro. E fiz bem feito o que precisava ser feito. Costumo dizer que não podemos errar o feijão com arroz – em outras palavras, fiz o básico bem feito. Naturalmente, você pode se perguntar: o que seria esse básico bem feito? Escrevi os meus capítulos dentro do prazo combinado e com qualidade para nosso leitor, participava das reuniões e dava *feedback* do que estava comigo. Algo relativamente simples, mas que acaba sendo negligenciado na correria em que vivemos.

Em paralelo à escrita do livro, surgiu o Summit da Jornada Colaborativa de 2020 e a oportunidade de fazer uma palestra no mesmo tema da trilha na minha empresa.

Novamente, compartilhei com meu gerente e meu diretor que iria fazer uma palestra em um evento de mercado para falar sobre o assunto da minha trilha na empresa. Dei uma cortesia para cada um deles para me assistir. Voltando à metáfora das cartas, fui colocando mais cartas na mesa com o meu nome dentro do contexto da minha empresa. Na Jornada as minhas raízes começaram a se fixar.

Uma coisa puxa a outra, e assim fui convidado para gravar um *podcast* junto com alguns coautores do livro. Uma excelente oportunidade de compartilhar conhecimento sobre o assunto, me apresentar a outros coautores e, nesse momento, colocar o meu nome como uma carta na mesa dentro da Jornada Colaborativa.

Pouco tempo depois, uma pessoa do time da curadora do livro precisou sair por motivos pessoais. Acredito que já possa parecer meio óbvio quem recebeu o convite para participar da curadoria do livro. E de fato foi exatamente o que você pensou: fui convidado a participar do time da organização/curadoria do livro.

Curadoria do livro

Naturalmente, tive minhas dúvidas. Ou melhor, muitas dúvidas. Será que estou preparado? Estou queimando etapas? Estaria pulando um degrau maior do que minha perna consegue dar? Não tinha as respostas na época, mas queria fazer acontecer, dar o meu melhor.

O livro vinha de alguns contratempos. Sem entrar em detalhes, algumas premissas que tinham sido estabelecidas antes da pandemia, junto com questões pessoais de alguns curadores, fizeram o trabalho da curadoria não avançar como deveria. A prioridade do livro não era igual para todos, e cada membro do time colaborativo estava em momentos diferentes. Um trabalho voluntário sem um líder energizado dificilmente consegue resultados relevantes.

As coisas não estavam boas, e nada ruim é sustentável por muito tempo em um time colaborativo. Procurei o Muniz, líder da Jornada, para conversarmos sobre o trabalho da curadoria e a percepção de que as coisas não estavam boas. Conversas nesse cenário são difíceis, às vezes um pouco duras, mas são elas que fazem a diferença quando ocorrem de forma bem feita. Realizar essa conversa de forma objetiva é fundamental.

Não faltava assunto para reclamar, para estar desmotivado, para expor outras pessoas ou até para pular fora do barco, que estava com sinais de que ia afundar. Preparei um roteiro para conversarmos:

- ✓ A abertura da conversa é uma das coisas mais importantes a serem elaboradas.
- ✓ Peguei exemplos de fatos concretos (blindada a interpretação).
- ✓ Falei o que eu fiz como curador (não adianta apenas reclamar).
- ✓ Fui humilde e falei sobre as minhas dúvidas.
- ✓ E por fim, e talvez mais importante, falei que estava gostando desse trabalho de curadoria, apesar dos problemas.

As coisas estavam abaixo do esperado quando comparado a outros livros da própria Jornada, mas isso não quer dizer que eu não poderia tornar simples e leve a nossa conversa, apesar dos problemas. De forma geral, os resultados não apareceram, houve uma necessidade de troca e assumi a liderança da organização do livro.

Organizador líder

Existe uma premissa de mercado que assumir algo que já esteja "rodando" seria dar oportunidade a todos, ou a famosa frase "começamos zerados". E assim segui nessa ideia. Era novembro de 2020, ainda em ambiente de pandemia, e comecei a tentar entender o tamanho real do problema.

Como qualquer consultor, primeiro você faz um diagnóstico da situação. Em ordem de grandeza, falta metade do livro a ser escrito, mais *feedback* para coautores. Em resumo, precisávamos de um "sob nova direção" e ainda tínhamos muito trabalho a ser feito.

Infelizmente, alguns curadores não continuaram até o final. Até o momento da escrita deste capítulo, o livro está avançando em uma velocidade satisfatória. Essa foi a história que me gerou o convite para escrever este capítulo. Antes de concluir, gostaria de registrar aqui algumas dicas que compartilho com minhas equipes.

Dicas sobre adaptabilidade

- ✓ **Flexibilidade:** "jogo de cintura" para lidar com diferentes situações. Precisamos saber a guerra que queremos lutar. Se não cruzar a sua linha de valores, você pode flexibilizar sempre.
- ✓ **Curiosidade:** busque e se interesse por novidades. De forma implícita, saia da sua zona de conforto.
- ✓ **Coragem:** capacidade que permite a superação do medo e o enfrentamento das mudanças. Deixe o medo ter medo dos seus medos.

✓ **Resiliência:** habilidade para superar crises e dificuldades, sem perder os valores, a essência e o resultado desejado. Não acertamos sempre na primeira vez, e não desistir faz toda a diferença em resultados a longo prazo.

Volto para um item dito no começo do capítulo: há contrapartida na Jornada Colaborativa. Assim como em outros trabalhos voluntários, você dedica o seu tempo a trabalhar gratuitamente para a organização. Nem todos entendem o que essa frase quer dizer na prática. É trabalho voluntário, mas é com compromisso, não é "quando der eu faço". As oportunidades são dadas. Cabe a você saber aproveitá-las. Falo por mim quando digo que o trabalho voluntário mudou minha vida profissional para melhor. Sem querer aumentar e ou diminuir, mas como um fato. Assumi desafios que não teria condições de assumir a curto prazo na empresa em que recebia salário. Naturalmente, errei e acertei, mas tenho certeza de que o saldo é amplamente positivo. Receber convite para coisas de igual ou maior responsabilidade confirma o saldo positivo e na prática cada vez mais me capacito a realizar voos maiores.

Obrigado à Jornada Colaborativa e ao Antonio Muniz por proporcionar esses desafios. E concluo este capítulo com minha pergunta central: para você, posso ser considerado um profissional adaptável?

Até a próxima!

Referência

ICC. **Primeiramente o que é coaching?** Instituto Cristão de Coaching, s.d. Disponível em: <https://www.iccoaching.com.br/portal/o-que-e-adaptabilidade/>. Acesso em: 16 mar. 2021.

30. Bondade

Tiago Jensen

No ano de 2019 eu decidi que iria aprender mais e criar mais ambientes que permitissem troca de conhecimentos na minha cidade, que é Joinville, localizada do norte de Santa Catarina.

Quando se tratava de eventos e locais para troca de conhecimentos, ainda havia uma grande carência na cidade. Então eu, André e Camila criamos o Agile Joinville e fizemos grandes eventos. Com essa iniciativa, pude conhecer grandes pessoas, dispostas a compartilhar conhecimento com humildade e paixão.

Com isso, em agosto de 2019, conheci o Muniz no *workshop* Jornada DevOps em Joinville, e ele veio com um desafio de fazer um grande evento em dezembro de 2019, o Summit Joinville, visando lançar os três livros da Jornada e doar a receita para uma instituição carente em nossa cidade.

Com a união das comunidades Agile Joinville e Jornada Colaborativa, organizamos um lindo evento com quase 200 participantes em um sábado super animado. Todos ganharam um dos três primeiros livros que foram lançados em 2019 com a união de 100 coautores ("Jornada DevOps", "Jornada Ágil e Digital" e "Jornada Ágil de Qualidade"). Além disso, doamos toda a receita de R$ 5 mil para a construção do Hospital contra o Câncer de Joinville.

Com essa experiência inspiradora, comecei a participar com mais afinco da Jornada Colaborativa, escrevendo livros e hoje liderando as comunidades amigas da Jornada.

O que lembro do Muniz é a criatividade, a liderança e a energia. Ele sabe que em equipe tudo é possível, e por isso que a Jornada cresce de forma exponencial e é lindo acompanhar.

O que eu contribuo com a Jornada é em carisma e bondade. A bondade para receber na Jornada pessoas de diversos lugares do país e fazê-las se sentir em casa e prontas para um trabalho voluntário que transforma vidas através da colaboração e da inteligência coletiva.

O carisma de sempre estar alegre e sempre sorrir para a turma. Eu posso dizer que o grande tesouro da Jornada são as pessoas, e eu procuro abraçar a todos sem julgamento.

31. Cordialidade

Marcelle Cury

Cordialidade: qualidade do que é cordial. Manifestação clara de afeição e simpatia. Franqueza na atitude de simpatia. (MICHAELIS, s.d.)

Eu conheci a Jornada Colaborativa através do mestre e amigo Antonio Muniz, que foi meu professor em alguns cursos e uma pessoa com a qual tive grande empatia desde que conheci. Há professores assim, dos quais a gente não consegue se separar nem perder de vista, estão sempre participando de iniciativas interessantes e até mesmo criando formas de agregar pessoas e impactá-las positivamente.

Participei de um dos primeiros eventos presenciais em 2019, com palestras cativantes e uma troca incrível entre as pessoas. Estranhos pareciam amigos de longa data simplesmente porque tínhamos todos a mesma vontade de compartilhar. Como consequência natural, tornei-me coautora de alguns livros, auxiliei em eventos *on-line* e depois aprendi a ser curadora de livros, a cuidar e a direcionar uma equipe para compor capítulos e seções envolventes e inspiradoras.

Profunda admiradora de Francisco de Assis, acredito no poder de ser cordial nas relações e busco viver sob o carisma franciscano (GUIMARÃES, s.d.) de paz e bem, romper com a ditadura do dinheiro, consumir de forma consciente e nunca me acostumar com o sofrimento com que muitos vivem em nosso país e no mundo. Fazer algo de bom a quem puder é um grande motivo para viver todos os dias. É nisso que acredito!

Somos todos voluntários na Jornada, mas temos um comprometimento muito profissional, tudo é feito a sério, porque desejamos transformar o mundo, pouco a pouco, e nossas metas são cada vez mais ambiciosas porque juntos somos capazes de realizar sempre mais, para doar sempre mais! Doar dinheiro, doar esperança, doar presença, doar palavras de afeto genuínas. É assim que somos!

Católica por formação, desde criança santos como Madre Teresa, Santa Clara de Assis, Santo Ivo, Santo Antônio e São Francisco sempre foram, para mim, exemplos a serem seguidos, como o próprio Jesus Cristo e todas as manifestações de Nossa Senhora. Já na idade adulta descobri o espiritismo cristão, e tal doutrina filosófica de fé (FEB, s.d.) tornou-se um grande norteador em minha vida. Sendo assim, só tenho cada vez mais motivos para estar envolvida com pessoas que comungam da mesma motivação de praticar a caridade, ser fraternos e cordiais uns com os outros, abrandando todo o sofrimento que pudermos no mundo.

Há uma maravilhosa frase, atribuída a Carl Jung, que resume a cordialidade, traduz numa perspectiva de ação e explica como é ser cordial: "conheça todas as teorias, domine todas as técnicas, mas ao tocar uma alma humana, seja apenas outra alma humana".

Estender a mão a quantas pessoas pudermos, compartilhar conhecimento, vivências, experiências e impactar vidas é o que melhor sabemos fazer na Jornada Colaborativa, entretanto, mantemos sempre o cuidado de tratar a todos de forma gentil.

Toda a dedicação e horas de trabalho direcionadas às atividades da Jornada são um exercício de autonomia e experimentação, carregado de cordialidade nas comunicações entre pares e lideranças. Realizamos nossas tarefas, nos remetemos aos líderes de equipe e colaboramos uns com os outros com muita liberdade. Temos diálogo aberto e propomos ideias e formas de melhorar nosso jeito de trabalhar em um ambiente favorável para inovações (JOHNSON, 2011). Nessa trajetória nos tornamos melhores pessoal e profissionalmente.

Acreditamos uns nos outros, nos fortalecemos mutuamente e praticamos a cordialidade naturalmente. Simplesmente flui, não é necessário promover, tornou-se algo cultural, uma marca, uma forma de agir que nos identifica.

O Dicionário Criativo (s.d.) relaciona algumas palavras ligadas ao conceito de cordialidade: amizade, gentileza, fraternidade, união, ligação, convívio, afeto, intimidade, aproximação, familiaridade e irmandade. Tais palavras fazem parte da essência da Jornada Colaborativa, tal como o amor é a essência de Deus, e são, portanto, indissociáveis.

Referências

DICIONÁRIO CRIATIVO. **Palavras relacionadas a cordialidade.** Disponível em: <https://dicionariocriativo.com.br/analogico/cordialidade/substantivo/amizade>. Acesso em: 16 mar. 2021.

FEB. Deus, Cristo e Caridade. **Federação Espírita Brasileira**, s.d. Disponível em: <https://www.febnet.org.br/portal/category/o-espiritismo/>. Acesso em16 mar. 2021.

GUIMARÃES, Almir. Carisma Franciscano – II. **Franciscanos**, s.d. Disponível em: <https://franciscanos.org.br/carisma/carisma-franciscano-ii.html#gsc.tab=0>. Acesso em: 16 mar. 2021.

JOHNSON, Steven. **De onde vêm as boas ideias:** uma história natural da inovação. Rio de Janeiro: Zahar, 2011.

MICHAELIS. **Cordialidade.** Disponível em: <https://michaelis.uol.com.br/busca?id=ZAR8>. Acesso em: 16 mar. 2021.

32. Dinamismo

Sandro Giacomozzi

Em 2015 participei do maior evento de Java, chamado na época de JavaOne. Nesse ano, já era coordenador de desenvolvimento de software em uma das maiores empresas de software do Brasil, onde já tinha sido desenvolvedor por vários anos.

Dentre as mais incríveis palestras do mundo Java com suas novidades daquele ano e tendências para os próximos, uma que no início não tinha chamado muito a atenção, mas que nos próximos anos faria mudar a minha carreira e a forma de pensar como pessoa e profissional, foi "Piratas do *DevOps*", ministrada brilhantemente por Bruno Souza (JavaMan) e Edson Yanaga, dois grandes mestres do mundo Java e agora inspiradores de desenvolvedores por todo o mundo. E o tema não tinha muito a ver com Java, mas, sim, com como uma pessoa poderia ser protagonista da carreira, fazer experimentos, não ter medo de errar e realizar entregas com mais qualidade e rapidez. Naquela época, o *DevOps* era ainda pouco discutido no Brasil.

Procurei mais sobre o assunto entrando para o grupo Piratas do *DevOps*, dos mesmos autores da palestra. Nesse processo de aprofundar processos, técnicas e ferramentas do mundo *DevOps*, também decidi me dedicar mais à área técnica, compartilhar os conhecimentos e ajudar outros desenvolvedores.

Já no ano seguinte, aplicando alguns dos conhecimentos adquiridos, pude experimentar o mundo de *containers* e integração contínua. Porém, com o cargo atual, não poderia botar a mão na massa em tempo integral. No ano de 2017 foi então que a mudança foi concluída: no início do ano me inscrevi para palestrar no TDC (coisa que nunca me imaginei fazendo). Para a minha surpresa, a palestra foi aceita.

Mais convencido do que nunca de que precisava mudar de área ou empresa para poder exercer e aperfeiçoar cada vez mais os conhecimentos adquiridos, decidi sair da área em que atuava por mais de 10 anos. Consegui um emprego como desenvolvedor Java onde a cultura *DevOps* já era bem forte, com entregas contínuas, computação em nuvem e colaboração. Porém, para a minha surpresa, tive o privilégio de poder escolher uma área dentro da empresa para que eu não saísse e então pudesse aplicar o que estava aprendendo. Decidi ficar e foi uma decisão acertada, pois, além de aplicar tudo que queria, ainda tive a sorte de ter excelentes profissionais ao meu lado e apoio para colocar tudo na prática. Outra coisa que jamais teria imaginado era mudar de emprego dentro da própria empresa.

Entre 2018 e 2019 estávamos já com tudo em operação e preparando para as próximas fases. Já existia um movimento de departamentalizar o setor de operações e resolveram chamar de *DevOps*, colocando todos os profissionais que trabalham com automação, *cloud* e infraestrutura juntos em uma equipe. Isso me deixava incomodado, pois chamar um profissional de *DevOps* para mim não fazia sentido.

Foi então que mais uma vez fui buscar sobre o assunto e, para minha sorte, encontrei o curso do Antonio Muniz na Udemy e em seguida o livro "Jornada DevOps". Por sorte ainda, o Muniz estava organizando um *workshop* sobre *DevOps*.

Senti que então era o momento de trazer um especialista no assunto para conversar com o time e mostrar o que é realmente o *DevOps*. No início, foi um tanto difícil convencer as pessoas a participar, já que haveria um custo. Comecei a divulgação dentro da empresa e depois abrimos para participantes de outras empresas. O desafio foi que as pessoas de infra achavam que iríamos falar somente de cultura e o pessoal de desenvolvimento achava que iríamos falar apenas de integração contínua. Então foi um trabalho de convencimento individual.

Realizamos o *workshop* com grande público e, para minha surpresa, finalmente, muita gente tinha entendido a verdadeira motivação do *DevOps*. Após esse evento, já podíamos perceber uma movimentação para desfazer o "departamento" onde antes era necessário abrir um chamado para que uma pessoa pudesse dar permissão a outro participante da equipe.

Voltando ao dia do *workshop*, onde pude conhecer pessoalmente esse novo amigo Muniz, recebi o convite para ser curador de um livro sobre Java (outra coisa que jamais teria imaginado um ano antes). Começa aí então uma jornada de parceria, colaboração e muito aprendizado.

Os desafios continuam e temos que ser dinâmicos para podermos surfar nas melhores oportunidades que esse mundo nos oferece.

A Jornada Colaborativa é um ótimo lugar para se estar!

33. Generosidade

Wagner Drumond

Primeiramente, quero dizer que sou muito grato pelo convite de participar deste livro e tenho uma admiração imensa por todos os voluntários da Jornada Colaborativa.

Desde 2018, venho, através de eventos *on-line*, compartilhando conhecimento em parceria com grandes nomes da gestão de projetos e da agilidade.

Acredito que todas as pessoas podem ser melhores do que elas mesmas constantemente, através do conhecimento, da ação e da generosidade. Quando digo generosidade, não me refiro a valores financeiros, mas a doar parte do recurso mais valioso de todo ser humano – o **tempo** – em prol de alguma causa nobre.

Dentro da Jornada pude conhecer e me conectar a pessoas que se doaram de forma tão intensa que, mesmo sem querer algo em troca, acabaram tendo retornos fantásticos que vieram basicamente de conexões que se criaram. Podemos chamar de reciprocidade.

A minha conexão com a Jornada Colaborativa veio em 2019, após firmar uma parceria com dois grandes especialistas da agilidade, Júnior Rodrigues e Heloiza Magrin. Durante nossa reunião de definição, estávamos levantando possíveis nomes de palestrantes e o Antonio Muniz foi citado como especialista em *DevOps*.

Após nossa reunião, o Júnior Rodrigues me passou o telefone do Muniz e entrei em contato no dia seguinte. Durante nosso bate-papo, uma conexão foi criada e recebi também um convite para participar da criação de um capítulo do livro "Jornada Ágil e Digital", ao qual aceitei sem questionar. Nesse momento ainda não conhecia o propósito da Jornada Colaborativa. Ao ser apresentado, fiquei admirado, vendo a quantidade de pessoas se doando para um objetivo em comum, que era compartilhar conhecimento e ao mesmo tempo ajudar a comunidade carente através da doação de todos os *royalties* dos coautores.

Nesse momento me identifiquei com tudo isso e queria estar sempre perto. Minha admiração aumentou ainda mais quando entendi que eram criados *summits* presenciais, baseados nos temas dos livros, e toda receita era doada. Vendo isso, investi um tempo para saber como me envolver mais com a Jornada Colaborativa. A ficha caiu. Por que não trazer a Jornada para o virtual, para o universo *on-line*? A ideia era fazer algumas ações e compartilhar os conteúdos dos eventos presenciais também de forma *on-line*.

Em agosto de 2019 foi divulgado um Summit da Jornada Colaborativa na PUC de São Paulo e não medi esforços. Comprei a passagem, peguei todo o meu equipamento e fui para São Paulo. Fiz a gravação do evento – que foi maravilhoso – e dali por diante lá estava eu, envolvido com a Jornada. Na sequência, criei uma página e compartilhei o conteúdo gravado. Tudo muito amador, mas feito de coração.

Fui convidado também a participar do livro "Jornada Ágil de Liderança" e participei da consolidação do "Manifesto da Liderança Ágil", que aconteceu em São Paulo em fevereiro de 2020, um mês antes do *lockdown* causado pela pandemia. Novamente, levei meu equipamento e registrei todo o evento, que foi restrito aos coautores do livro.

Nessa ocasião, minhas finanças pessoais andavam péssimas e isso me impactava em vários pontos. Mas ao me envolver com a Jornada me sentia em outro mundo. Eram momentos fascinantes, onde pessoas se conectavam e pareciam amigas de infância. Eram doses de endorfina que aliviavam algumas dores.

Veio a quarentena e muitas ações da Jornada Colaborativa foram por água abaixo.

Uma semana após a paralisação geral no Brasil, recebi uma ligação do Antonio Muniz com um desafio:

— Wagner, vamos fazer o Summit de forma *on-line*? Assim conseguiremos abraçar todos os estados.

Aceitei o convite na hora e fiquei bem animado com a confiança do Muniz no meu trabalho. Após me comprometer com esse desafio, pedi para ele a data em que seria o evento e disse que eu criaria toda a estrutura. Fiquei aguardando!

Para minha surpresa, recebi dez datas e não apenas uma, como havíamos conversado. Isso mesmo, dez dias, e para completar seriam sábados seguidos, das 9h às 18h, que depois viraram 13 sábados. No primeiro momento minhas pernas bambearam, o coração acelerou e me vi no desespero. "Como vou dedicar 13 sábados seguidos para a Jornada, sendo que preciso fazer algo para ganhar dinheiro no universo *on-line*?"

Porém, logo em seguida pensei na razão pela qual me envolvi na Jornada e comecei a me acalmar.

O propósito fala mais alto!

Fazendo uma analogia com a frase de impacto do PMI (*Project Management Institute*), deixo a seguinte afirmação: "coisas maravilhosas acontecem quando nos envolvemos com a Jornada Colaborativa!"

Isso mesmo! Se é para doar nosso tempo, vamos nos envolver até o pescoço. Chama-se **generosidade**.

Uma coisa que não contei é que tudo por trás do evento *on-line* era eu quem fazia. Criação do site, criação da área de membros, artes para site, sistema de transmissão, sistema de pagamento etc. Então 13 sábados seguidos não davam apenas 13 dias de trabalho, e sim umas cinco vezes mais, hehehe.

Simplificando: realizamos os 13 *summits*, que foram um sucesso e contaram com a participação de grandes nomes da gestão e tecnologia.

"Inesperadamente" comecei a receber ligações de empresas e profissionais querendo lançar seus eventos e cursos *on-line*.

De uma hora para outra, vi minha situação financeira melhorar de forma significativa e hoje pude modernizar minha estrutura para oferecer melhores serviços.

Antes eu tinha dois produtos digitais e trabalhava simplesmente com eles. Com a entrada para a Jornada Colaborativa, além de grandes amizades que fiz, vieram oportunidades que me possibilitaram ampliar meus negócios.

E o que posso tirar dessa simples história?

Que quando nos doamos, quando somos realmente generosos com qualquer recurso que temos e fazemos isso realmente sem esperar algo em troca (reciprocidade), isso volta para nós de forma muito maior do que foi doada.

Desenvolva-se, doe-se e seja generoso.

Venha para a Jornada Colaborativa!

Sucessoooooooooooooooooooooooooooooo!!

34. Diversão

Tatiana Escovedo

Conheci o Antonio Muniz em 2019, quando participei de seu excelente *workshop* de *DevOps*. Nossa afinidade foi instantânea e desde então nos tornamos amigos.

Alguns meses depois, recebi o convite para participar como autora do livro "Jornada Ágil e Digital" e conheci a Jornada Colaborativa. Desde então, tive a oportunidade de participar de outros livros como organizadora: "Jornada Java", "Jornada Python" (em produção) e "Jornada Data Driven", este último ainda em processo de escrita.

Também participei de diversos eventos da Jornada Colaborativa como palestrante, mediadora e organizadora. Nesse caminho, tive a oportunidade de conhecer excelentes profissionais, todos seres humanos incríveis que fizeram com que essas atividades fossem super gratificantes e divertidas.

A maioria desses companheiros incríveis de Jornada compartilha do meu pensamento de que é possível levar a vida sempre com leveza, sempre sorrindo, e muitas vezes se divertindo, sem perder o comprometimento e a seriedade na entrega de resultados de excelência.

Em qualquer adversidade na vida profissional ou pessoal, sempre me pergunto: "o que a vida está tentando me ensinar com isso?" e procuro aprender algo de bom com a experiência. Nem sempre é fácil, mas procuro me lembrar de que a vida é um presente e que com um sorriso no rosto tudo fica mais leve e divertido, especialmente quando temos amigos tão especiais quanto os da Jornada.

35. Sabedoria

Bruno Jardim

O ano era 2018. Estava estudando para fazer a prova de certificação PMP (*Project Management Professional*), do PMI, e alguns dias antes do exame resolvi ir até a mesa de trabalho do Antonio Muniz (até então um colega da SulAmérica Seguros que conhecia mais de ouvir falar) para pegar dicas de como me comportar durante o exame e o que poderia fazer de preparação nos poucos dias restantes até a prova.

Senti-me como o Daniel San ouvindo o mestre Miyagi em "Karatê Kid": atento a cada orientação. Estude as questões que você vem errando. Não se assuste com o início da prova, pois geralmente ela começa com questões mais complicadas, deixando o candidato com a mente cansada, e assim você não "aproveita" as questões mais fáceis que ficam para o final. Chegue cedo no local da prova etc.

Dito e feito: segui cada orientação, realizei o exame e passei.

Aprendi com a vida que ouvir é a semente para a sabedoria, mas saber a quem ouvir é sabedoria amadurecida!

Na semana seguinte voltei na mesa dele para agradecer por cada dica e dar a notícia de que havia obtido a certificação PMP. Foi nesse momento que o espírito da gratidão se materializou em minha vida; enquanto falava e agradecia, o Muniz me apresentava a um mundo até então desconhecido para mim:

— Tá a fim de escrever um livro sobre *DevOps*?

— O que é isso? Nunca vi, nem comi e nem ouvi falar! (risos)

E ali, com toda a humildade, mais uma vez o mestre começa a ensinar para o seu discípulo...

Fiquei encantado com tudo! Mas como não tinha experiência com o assunto e estava com o tema gestão de projetos borbulhando em minha mente, propus me disponibilizar de forma voluntária para gerenciar o projeto de escrita do livro "Jornada DevOps" e de quebra receber e absorver todo o rico conteúdo da temática... e assim foi!

Encontrei ali uma fonte de conhecimento e com isso a oportunidade de colocar meu intelecto a serviço do propósito de compartilhar com mais e mais pessoas. Comecei a reinventar minha carreira, até então restrita ao gerenciamento de projetos tradicionais, para uma mentalidade ágil, unindo boas práticas, cultura colaborativa e acima de tudo o amor pelas pessoas.

A busca por sabedoria contínua abriu minha mente e me fez entender que quem assim o faz está apto a crescer. Desde então tive a oportunidade de ser coautor dos livros "Jornada Ágil e Digital", "Jornada Ágil do Produto", "Jornada do Ágil Escalado", "Jornada Ágil de Liderança" e dos futuros livros sobre trabalho remoto e inclusão. Tornei-me palestrante nos eventos presenciais e *on-line*, coautor e editor do JornadaCast, o *podcast* da Jornada Colaborativa.

Tudo mudou no momento em que bati na porta da **sabedoria** em busca dela.

Encontrei ali um mundo de colaboração para servir ao próximo e deixar um legado para as pessoas fazendo bom uso de todo conhecimento (o quê) e inteligência (como) para ter sabedoria (atitude) voltada para o bem de todos.

Ser movido pela busca de sabedoria é a garantia de não parar. É entender que chegará o dia em que todos nós iremos passar, mas que cada ação de amor e gentileza permanecerá.

A jornada é maior que a gente.

36. Evolução

Renato Fontes

Em meados de 2017, ingressei em um processo de transformação digital iniciado pela empresa em que trabalho.

Centenas de vagas para o mercado foram abertas em busca de profissionais com alguma experiência em metodologias ágeis, *DevOps*, *cloud* etc.

Foi um desafio muito grande para mim, mas rapidamente entendi que essas mudanças de paradigmas eram necessárias para que conseguíssemos acompanhar o mercado e as novas tendências.

Já em 2018 tínhamos montado uma equipe de especialistas nas novas tecnologias adotadas (Git, Jenkins, Docker, Elasticsearch, Kubernetes...), e os projetos começavam a entrar em produção e a trazer resultados incríveis para a empresa, mas tínhamos muito a evoluir em relação a processos.

Como precisamos seguir padrões rígidos relacionados à legislação por termos ação na bolsa de Nova York (Sarbanes-Oxley), precisava ir além do técnico e buscar com pessoas mais experientes dicas para mudar nosso jeito de aceitar e tratar as mudanças de TI (aplicações e infraestrutura) de maneira mais ágil, sem prejudicar os controles necessários e influenciar os demais times da empresa.

Mas isso foi apenas o começo da minha jornada...

Participar de eventos organizados por comunidades de profissionais já fazia parte da agenda quase que semanal, até que veio o evento "DevOps Day" em BH e uma das palestras que me chamou atenção foi a do Antonio Muniz, que falaria justamente sobre a gestão de mudanças em ambientes ágeis e complexos. Por acaso, o Muniz trabalhava na SulAmérica e tinha implantado novas *features* no *app* do qual eu era cliente e super fã (reembolso digital). Então pensei: tenho que "cercar" o Muniz.

Não deu outra. Assim que ele concluiu a palestra e foi saindo do auditório, fui atrás e me apresentei.

Foi incrível sua receptividade e como ele conseguiu me ouvir. Ouvir mesmo, me dar atenção, trocar ideias e me conhecer melhor. Durante nosso bate-papo, outras pessoas foram se identificando com a conversa e fizemos um debate muito legal.

Então ele falou:

— Espera aí! Tenho uma ideia! Eu e o Rodrigo estamos escrevendo um livro sobre *DevOps*. Pela sua experiência em telemetria, quem sabe você pode contribuir? Você não, todos vocês que estão aqui.

E naquele momento ele criou um grupo no WhatsApp e adicionou a todos que ali estavam. Foi emocionante.

O modelo que foi desenvolvido para troca de ideias, reuniões e divisão das tarefas foi muito colaborativo e usava as práticas ágeis e até mesmo ferramentas *DevOps*.

Isso definitivamente mudou minha perspectiva de carreira e me proporcionou resultados incríveis no trabalho e na vida pessoal.

No lançamento do livro, no dia 06 de junho de 2019, fui para o Rio de Janeiro e fiquei maravilhado com tudo que havia sido preparado com tanto carinho. Palestras incríveis, autógrafos, entrevistas e muito *networking*.

Claro que postei no LinkedIn! Sabe o que aconteceu?

No caminho de volta para BH, parei em um restaurante para lanchar e recebi uma ligação. Era o diretor do IGTI (Instituto de Gestão e Tecnologia da Informação), que estava montando uma ementa para um curso novo e disse que ter um coautor de um livro de *DevOps*, homologado pela EXIN, era tudo que ele precisava para aquele curso.

Foi incrível.

Em menos de dois anos, participei ativamente de um processo de transformação digital, conheci pessoas que colaboram de verdade, ajudei na escrita de um livro, organizei palestras e *workshops* e ainda me tornei professor de pós-graduação.

37. Assertividade

Renata Carvalho

Acredito que minha história na Jornada começou nos projetos de treinamento que toquei em parceria com o Antonio Muniz há uns anos atras! Desde aquela época eu despertei para o poder da colaboração, da conversa franca e do quanto o resultado era muito mais bonito e rico para todos os envolvidos quando se tratava de uma criação coletiva.

Quando o convite para a Jornada veio, com o adicional de que teríamos muito mais pessoas envolvidas e que ainda iríamos ajudar outras milhares com esse saber coletivo, não pude recusar!

Identifico os momentos, emoções e competências que mais me marcaram desde então:

- ✓ **O desejo de arriscar e o medo do desconhecido:** não foi simples, mas muito importante me aventurar por caminhos não percorridos antes, me permitindo mostrar o que tinha de conhecimento e deixando transparente o que não entendia, me libertando de algumas crenças limitantes, como, por exemplo, a de que eu precisava saber tudo para me posicionar e colaborar.
- ✓ **O aperfeiçoamento da escuta e o olhar para o outro:** foram conversas com pessoas tão diferentes, com histórias e trajetórias tão próprias, que foi essencial estar "presente" com cada uma delas, evitando julgamentos, ideias preconcebidas e estando disponível para o que poderia emergir de construção daquele momento.
- ✓ **Automotivação e autogerenciamento:** a participação na organização foi atropelada pela pandemia e foi essencial manter o desejo de concluir o projeto, seguir trabalhando pelo propósito, identificando o momento de cada um, com quem se podia contar e aquele que já não estava disponível e fazer os ajustes necessários no planejado, levando em conta também os próprios desafios profissionais e pessoais.

- ✓ **A comunicação:** comunicar-se de forma direta mantendo o respeito e o cuidado com o outro para despertar nele o seu melhor!!! Esse foi o pano de fundo para cada interação e *feedback* no time e na validação dos capítulos. Sinto que fiz o meu melhor e garanto que a convivência com pessoas com esse mesmo propósito contribuiu para o meu desenvolvimento nesse tema.
- ✓ **Acolhimento e aceitação:** vivendo a Jornada, reforcei meu entendimento de como um time pode fazer com que você se sinta acolhido e aceito na sua individualidade e no seu jeito de ser. Não quer dizer que todos são iguais ou possuem a mesma opinião, mas que entendem "que um ponto de vista é apenas a vista de um ponto" e que as divergências podem ampliar o olhar e a construção e garantir um melhor resultado para todos.

Assim, é fato que a Renata que embarcou no projeto em 2019 está diferente e que, com a proximidade do lançamento do livro, começa a sentir uma pontinha de tristeza pela possível distância de um time tão especial e generoso. Mas o que me conforta é saber que sempre há espaço se eu quiser contribuir e que a comunidade segue viva e unida pelo seu propósito de transformar vidas pelo conhecimento.

38. Determinação

Raphael Boldrini

Sempre tive o sonho de escrever um livro.

Muito curioso e com o objetivo de entregar cada vez mais valor em todas as iniciativas de que participo e para as quais contribuo, sempre pesquisei oportunidades de aprender algo novo e complementar meu cinto de utilidades. Em um dos treinamentos tive a oportunidade de conhecer, pessoalmente, o Muniz – guarde bem esse nome. Ele já era uma referência em treinamentos preparatórios para concursos e certificações em TI.

Mas e a Jornada?

Começou a circular nas redes uma iniciativa incrível e um tanto quanto inusitada, que lançaria um livro (o "Jornada DevOps") escrito de maneira colaborativa por mais de 30 profissionais e que teria toda a sua receita doada. Pensei: preciso fazer parte disso!

Conversa aqui, conversa ali, eventos e tudo mais, tive a imensa felicidade de ser convidado pelo Muniz para contribuir para a facilitação do *workshop* Jornada Ágil e Digital, em 25 de maio de 2019, ao lado de feras como Analia Irigoyen, Bruno Jardim, Joana Carrasco e Fabiana Ravaneda. Dali sairia o embrião para o segundo livro da Jornada Colaborativa, com o mesmo nome.

Chegou a grande oportunidade. E agora? Será que consigo contribuir bem? Como será participar de um livro colaborativo? A síndrome do impostor até tenta aflorar, mas é preciso ultrapassá-la e ser determinado com as entregas. A Jornada tem papel de comunidade, propriamente, pois nos sentimos abraçados. Embarquei em um dos capítulos com o grande Rodolfo Colares e o resultado foi super bacana. Agora paro no primeiro livro ou devo me empenhar em participar de outros?

Ainda em 2019, no mês seguinte, tivemos o lançamento oficial do livro "Jornada DevOps" em um centro de convenções no Rio de Janeiro contando com centenas de pessoas. A Jornada continuou crescendo, pousou em várias outras cidades e, em novembro, no dia 23, foi épico! Coincidentemente, o evento de lançamento do segundo livro ("Jornada Ágil e Digital") seria realizado no mesmo dia da final do mais importante campeonato de clubes do continente, a Conmebol Libertadores da América. E como manter os participantes engajados em um dia que a cidade estava bastante mobilizada? Dá para duvidar do super time de voluntários da Jornada?! Conseguimos levar o evento inteiro, recheado de palestras maravilhosas, enxugando um pouquinho do horário e mantendo toda a galera ativa e participante. Todos saímos campeões!

Estar imerso na Jornada com esse time incrível me trouxe ainda a chance de contribuir como coautor nos livros "Jornada Ágil do Produto", "Jornada do Ágil Escalado", "Jornada Business Agility" e no futuro livro sobre inovação, e com o time de organizadores do futuro livro sobre inclusão. E temos muito pela frente!

Não se sabote. Com determinação e resiliência você pode conquistar coisas incríveis e que talvez você ainda nem imaginasse. Muniz e todo o time o desafiam e estimulam a conseguir impactar cada vez mais pessoas. Juntos podemos ir muito longe, transpondo todas as barreiras que o caminho vier a nos apresentar.

Em dezembro de 2020, depois do sucesso em eventos como o Jornada Summit e o Jornada Learning, realizamos o Globo Day, um marco que alcançou mais de três mil inscritos e pico de 1.380 pessoas ao vivo no primeiro dia. E melhor do que esse resultado foi poder proporcionar um Natal mais feliz na Aliança dos Cegos (instituição beneficiada pelo evento).

A Jornada já pode ser considerada o maior acontecimento editorial do ano. A Muniz e todo o time da Jornada Colaborativa, meu muito obrigado. Empatia + Colaboração + Propósito. Sempre!

Plantar uma árvore (ok), fazer um filho (ok) e escrever um livro (ok). Que tal transcendermos tudo o que pode nos engessar?! Podemos muito, muito mais.

Faça parte você também dessas experiências que transformam vidas, inclusive as nossas!

Vamos juntos!

39. Autoconfiança

Karine Cordeiro

Depois de nove anos trabalhando em uma multinacional e com a carreira fortemente direcionada para o negócio da empresa, resolvi dar uma pausa para me dedicar à maternidade.

Parece meio clichê, mas depois da primeira gravidez ter sido concomitante com meu trabalho naquela empresa e eu ter ouvido coisas como: "você não pode ir para a área técnica porque tem que viajar e agora (que é mãe) você não pode viajar" ou "você não pode assumir aquela função pois você está grávida e terá que tirar licença-maternidade" – e tantos outros comportamentos inconscientes que permeiam as mentes machistas e patriarcais da nossa sociedade –, para mim não seria possível uma segunda gravidez em condições semelhantes.

Tendo passado o tempo necessário, segundo meus próprios critérios, para acompanhar o crescimento dos meus filhos de maneira saudável, resolvi me dedicar ao retorno ao mercado. Já participava de *meetups* como ouvinte e passei a ir a eventos pagos e gratuitos mais frequentemente. Iniciei minha pós-graduação em desenvolvimento *mobile* e decidi fazer uma transição de carreira para a área de desenvolvimento.

A essa altura, fui no DevOps Days BH, na PUC Minas, e conheci o Muniz, que lançara o desafio de escrever um livro colaborativo sobre *DevOps*. Até o final daquele mês estava sendo nomeada, sarcasticamente, como VP de comunicação da nascente Jornada Colaborativa.

De lá pra cá muita coisa aconteceu: outros livros surgiram (inclusive sou uma das organizadoras e curadoras do livro de Python em produção), a Jornada ganhou capilaridade internacional, minha carreira de desenvolvedora evoluiu, minha dedicação às comunidades se intensificou (hoje coordeno as Pyladies BH, coorganizo algumas outras comunidades, idealizei e organizo o Encontro Mineiro de Mulheres de Tecnologia junto com outras líderes de comunidades fantásticas de BH, coordenei trilhas e palestrei no The Developers Conference, etc.) e tenho usado os espaços em que estou inserida para fortalecer a presença de mulheres na tecnologia.

A carreira de uma mulher e mãe na área de tecnologia não é fácil e ter mulheres ocupando espaços anteriormente ocupados por homens reforça não só a luta como mostra que lugar de mulher é onde ela quiser.

Ter mulheres em áreas técnicas faz com que outras mulheres se inspirem e se sintam capazes de ocupar esses espaços. Por essa razão me sinto orgulhosa das conquistas até aqui e muito feliz em poder inspirar outras mulheres a galgar seus caminhos na tecnologia.

40. Atitude

Marcos Rodrigues

O que é fundamental para a Jornada Colaborativa ser o que é na comunidade ágil e impactar tantas vidas?

Resposta: atitude – que, de acordo com o dicionário da língua portuguesa, é a maneira de se comportar, agir ou reagir, motivada por uma disposição interna ou por uma circunstância determinada.

O combustível da Jornada Colaborativa é atitude regrada a muita ousadia, empatia e conhecimento.

Eu participava de várias comunidades virtuais sobre o tema agilidade, descoberta e melhoria contínua, vinha escrevendo alguns artigos no LinkedIn e trocando ideias com parceiros até no exterior, até que em dezembro de 2019 recebi o convite de um amigo virtual para participar como coautor em um livro sobre inovação com ágil. Bem, pensei, por que não? Vou como autor aprendiz, conhecer novas pessoas e adquirir mais conhecimento.

Acabei sendo autor líder de três capítulos e escrevi outros dois a quatro mãos.

Isso foi possível devido à receptividade e à audácia de tentar e ter sido estimulado pela liderança da Jornada, que sempre nos dá força. O Muniz é da seguinte forma: se sugerimos a ele fazermos de uma Kombi um ônibus espacial para ir até a Lua, ele dirá "que maneiro, vamos fazer, você é o responsável por essa parada e vá em frente!". Não tem tempo ruim; tem sim muito espaço para inovação e atitude disruptiva.

Em março de 2020 fui convidado a participar de outro livro, agora sobre ágil escalado, e ao mesmo tempo foi o início da pandemia, momento difícil para mim, uma vez que estava em transição profissional e devido ao confinamento acabei perdendo uma boa oportunidade em uma multinacional. Mas pensei: agora é hora de agir, ter atitude, se adaptar e trabalhar com o viável a fim de tirar proveito da situação que para muitos era de crise.

Então em maio de 2020 vem o convite do Muniz, no grupo dos coautores do "Jornada do Ágil Escalado", para atuar no *summit on-line* recepcionando e orientando os palestrantes. Não pensei duas vezes: me voluntariei e nem sabíamos o que faríamos de verdade, aquela tensão... veio o primeiro sábado e tudo certo, sucesso!

Na semana que se seguiu inventaram que eu e a Juliana éramos os "Anjos" do Summit, responsáveis por acompanhar e orientar os palestrantes, e começamos uma trilha de descoberta e aprendizado fantástica.

Por 13 sábados seguidos fomos aprimorando, aprendendo a cada semana, praticando experimentação e trabalho em escala, e mais uma vez a **atitude** surgiu. As equipes de trabalho eram alteradas a cada sábado – todos menos eu, Juliana, Muniz e o amigo Wagner.

Peguei o desafio e abracei a oportunidade. Tive o privilégio de conversar e discutir os temas das palestras com cerca de 70 pessoas, grandes executivos e referências da comunidade ágil no Brasil.

Naquele momento isso foi fundamental para mim, tanto no âmbito pessoal (uma vez que estava com o futuro incerto) como no profissional, pois me permitiu um intensivo de aprendizado do que há de mais moderno no mercado no que diz respeito à gestão ágil e à comunicação com as pessoas.

Experiência sensacional: a colaboração, o engajamento e o incentivo dos envolvidos foram demais. Tudo bem que nem tudo foram flores, ocorreram percalços no caminho, e algumas vezes eu mesmo tive que dar um puxão de orelha aqui, uma estimulada ali, mas fui muito incentivado por todos.

Fiz grandes amigos na Jornada Colaborativa e através dela me conectei a pessoas importantes para o meu desenvolvimento pessoal e profissional. Pouco antes do término do Summit fui chamado para atuar como gestor em uma empresa fantástica que tem tudo a ver comigo e não tenho dúvida de que toda essa experiência adquirida junto à Jornada foi fundamental para essa conquista.

A participação na Jornada Colaborativa me proporciona muito orgulho e aprendizado todos os dias. Nessa tribo de loucos do bem, apaixonados por desenvolvimento, empatia e engajamento, com atitude vamos longe. Gratidão de ter vocês na minha vida e juntos podermos impactar a vida de tantas pessoas!

41. Curiosidade

Elaine Manhães

Curiosidade, característica que impulsiona o engajamento e o desempenho e que auxilia no aprendizado e desenvolvimento intelectual e pessoal. Esse é o lema!

Eu acredito ser a curiosidade de conhecer pessoas, culturas e pensamentos diferentes do meu que permite trabalhar em mim a empatia. E o que é a empatia, além da curiosidade de entender o outro e suas expectativas por trás de suas ações?

Eu acredito ser a curiosidade de aprender coisas novas que me faz participar de palestras, *workshops* e cursos, contribuindo para meu desenvolvimento profissional.

Eu acredito ser a curiosidade que me permite gerenciar problemas do dia a dia, seja em casa ou no trabalho, pois posso não saber resolver o problema, mas geralmente sei quem pode e sabe resolver o problema.

Eu acredito ser a curiosidade que me faz manter minhas relações de amizades e familiares, pois o querer saber sobre cada uma dessas pessoas me faz sentir acalentada e perto de cada uma delas, mesmo quando existe a distância territorial.

Ah, sem falar de me render ótimas conversas, trocas de experiências e, claro, boas fofocas eternas.

Pois bem, sem sombra de dúvida foi a curiosidade que me trouxe até a Jornada Colaborativa. Foi o querer entender como um trabalho voluntário e colaborativo no mundo de TI, liderança e agilidade trocava experiências e aprendizados.

Queria entender como essa tal 'Jornada Colaborativa' funcionava na prática. Foi a curiosidade de conhecer os organizadores, conhecer o grupo em geral e, é claro, aprender com eles que me fez me tornar uma voluntária.

Como resultado? Digo, resultado da minha curiosidade? Ainda não tenho a resposta definitiva, pois sinto que muitos feitos virão, mas posso listar o que se é conhecido até o momento: me senti acolhida pelo grupo, que só faz crescer a cada reunião, a cada *summit*, a cada livro lançado. Fiz novos amigos, reencontrei ex-colegas de faculdade e do trabalho, ajudei a organizar eventos, a revisar livros, fui atrás de profissionais capacitados para doar o seu conhecimento à comunidade através de palestras e mentorias, ajudei e ajudo no grupo de marketing digital, conheci outras comunidades de agilidade, como a Heart of Agile... enfim, estou aprendendo e aplicando a essência da colaboração para um grande feito: transformar vidas!

42. Franqueza

Juliano Granadeiro

Conheci a Jornada Colaborativa quando fui no lançamento do primeiro livro, o "Jornada DevOps", do qual minha amiga Analia Irigoyen participou como umas das organizadoras. Depois de um tempo, ela me convidou para atuar como coautor no livro "Jornada Ágil do Produto".

Assim que entrei, vi aquela grande quantidade de pessoas e muita gente dando suas visões e debatendo – logo percebi que seria um grupo especial.

Durante toda a minha carreira em consultoria de CMMI e MPS Br, assim como na ABNT/ISO, sempre atuei em grupos de discussão sobre temas ligados a tecnologia e normalizações.

Nessa minha trajetória era comum esse tipo de debate, mas não é em todo lugar que você é bem visto por divergir de formas de trabalho ou ideias.

No momento em que eu, como um novato na Jornada, já começo divergindo da estrutura do livro e o Muniz escuta e dá voz, não tive nenhuma dúvida: aquele grupo era de fato especial. Cada reunião era incrível, todos sempre dando espaço para criticar e criticando de volta, sempre olhando a ideia e o propósito maior da Jornada, que é ajudar pessoas. Esse trabalho de fato colaborativo sempre me encantou.

Depois eu entrei no livro "Jornada Ágil de Liderança", onde participei como coautor de quatro capítulos e pude ter a honra de ajudar na criação do Manifesto da Liderança Ágil. Além disso, ainda trouxe minha esposa Cristina Garcia para a Jornada. A Jornada é assim: apesar do esforço enorme, é muito gratificante e muito bom. Como tudo aquilo que é bom, você quer compartilhar com seus amigos e familiares.

Quando achei que minha participação na Jornada estava acabando, o Muniz me convidou para atuar na organização do livro "Jornada RH Ágil" (em produção). Como não podia ser diferente, precisava ser franco. Lembro de ter falado com ele sobre minha preocupação com o tema do livro, pois via algumas distorções no mercado. Novamente, o Muniz foi muito receptivo.

Com o livro de RH Ágil, pude ver um outro lado do Muniz, o de líder ágil, aquela pessoa que coloca na prática todas as ideias que defende. O livro foi escrito em paralelo ao ápice da pandemia, com coautores e organizadores mudando de trabalho presencial para remoto e tendo que se adaptar às novas rotinas em casa. Com isso, tivemos que adaptar muitas coisas e tratar diversos impedimentos. Em todos os momentos o Muniz sempre dava a direção correta, sempre empático com as pessoas e focado no problema e na solução.

Recentemente, surgiu um novo *summit*, onde, junto com outros integrantes da Jornada, vou poder organizar uma sala só sobre o tema RH Ágil.

A participação na organização de um livro, ter atuado em outros dois como coautor, fazer parte da criação de um manifesto, realizar palestras e mentorias e poder ajudar na organização de um evento me deixa muito grato pelas oportunidades e experiências que a Jornada vem me proporcionando.

43. Visão

Rodrigo Costa dos Santos

Eu fui uma das primeiras pessoas que o Muniz procurou com o sonho de criar o livro "Jornada DevOps" e fiquei muito honrado com isso. Na verdade, só tínhamos um sonho, e eu imediatamente compartilhei esse sonho com ele. Foram muitas conversas, ideias grandes, ideias pequenas, experimentações, tudo sempre com muito pé no chão, planejamento e sempre pautado na empatia, pensando no que seria bom para todos os colaboradores da Jornada.

Um belo dia surge no meu LinkedIn uma das idealizadoras do DevOps Day BH. Fiz contato, estabeleci conexões e oferecemos a ela um patrocínio da AdaptNow para participar do evento. Na verdade, eu e o Muniz não tínhamos nada de material naquele momento, nem empresa, nem produto, só mesmo o sonho. E quem disse que o sonho não se torna realidade??? Oferecemos uma quantia mínima a título de patrocínio, além de cursos *on-line* de *DevOps* para sorteio (era o que a gente tinha para oferecer). Pagamos tudo do nosso bolso, passagens, *folders*, cartões, *banner*... enfim, fizemos um planejamento, preparamos uma apresentação na trilha da plenária principal, criamos um QRCode para um grupo de WhatsApp, partimos um sábado para BH e o resultado, qual foi? Foi incrível!!! Aprendemos lá a mudar a rota com o avião no ar, 'pivotar', replanejar, tudo ali em tempo real.

A receptividade da galera de BH foi muito boa, eles curtiram muito a palestra do Muniz e no intervalo tivemos muito *feedback* positivo, muita troca e na hora mesmo pensamos: temos um sonho de escrever um livro, o primeiro livro da Jornada, e por que não fazer isso de forma colaborativa? Juntando todas essas mentes? Essa diversidade? Alguns se juntaram com a gente de pronto, outros participaram depois, e, no fim do dia, cansados, voltando para casa no Rio de Janeiro (afinal, fomos e voltamos de BH no mesmo dia), aprendemos muito sobre colaboração. Foi um dia memorável que entrou para a nossa história. Não paramos por aí: participamos também no mesmo ano do DevOps Day São Paulo, Rio de Janeiro, Florianópolis e Belém.

Tudo na vida exige uma dose de planejamento, mas temos sempre que estar abertos a mudanças, com flexibilidade, ouvir a ideia do próximo e saber construir nossas próprias convicções. A ideia do livro foi um sucesso, os cursos, sempre em prol de ajudar e contribuir um pouco com a sociedade também. A Jornada cresceu, muitas pessoas se juntaram na caminhada, e, como todos falam, o importante é curtir a jornada, o caminho, pois o resultado aparece. Muitas vezes o impossível acontece.

Quero compartilhar com vocês, por exemplo, minha história do Pós-Doutorado em Engenharia da Computação na Universidade de Coimbra em Portugal e como foi a construção até chegar lá. Abriu-se uma janela de oportunidade de concorrer a uma bolsa de estudo para um curso de Pos-Doc no exterior – qualquer um, à minha escolha. O desafio: tinha mais ou menos 30 dias para dar entrada no pedido. Junto ao pedido deveria constar, entre outras coisas, um certificado de proficiência da língua estrangeira do local de destino e uma carta da Universidade de destino aprovando a participação no Pos-Doc. Ou seja, uma missão impossível, de fazer inveja ao Tom Cruise. Bom, quando pensamos em estudar no exterior, o que vem logo à nossa cabeça são as universidades dos EUA, e não foi diferente comigo. Parti então para cumprir a primeira exigência, o certificado do TOEFL de língua inglesa. Eu sabia inglês razoavelmente, mas nunca tinha visto necessidade de tirar o certificado. Procurei um centro que aplica prova, pensando em fazer uma revisão rápida ou algo do tipo e marcar a prova em duas semanas... e imagina qual foi a resposta?

— Só aplicamos essa prova duas vezes ao ano e você precisa fazer um curso de duração de quase um ano.

Ou seja, era para desistir. Daí pensei: qual era a saída para aplicar a bolsa em 30 dias? Uma vaga em uma universidade em Portugal. Exatamente! Por se tratar de língua portuguesa, eu já era nativo e não precisaria de certificado de proficiência. Bingo! Próxima etapa? Conseguir uma carta de uma universidade portuguesa me aceitando para um programa de Pos-Doc – sem conhecer ninguém por lá, sem ter ido lá. Ah, isso sim seria um super desafio. A certificação do TOEFL ficou fácil depois dessa, não?

Como conseguir a atenção de um professor doutor no exterior que nem me conhece com disposição para me dar uma carta de aceitação no programa de pesquisa dele?

Minha estratégia? Passei um final de semana inteiro, quase 16h por dia, olhando praticamente todos os sites de universidades portuguesas, analisando os programas de engenharia da computação, a lista dos professores e avaliando os currículos de cada um. Fiz uma peneira de uns 12 professores no total que tinham alguma ligação e relevância com a minha pesquisa que havia desenvolvido no Doutorado na COPPE/UFRJ. Depois me dediquei a ler os artigos mais recentes de cada um deles e reduzi a lista para dois professores: um na Universidade de Lisboa e outro na Universidade de Coimbra. Preparei um e-mail explicando minha situação, falando dos prazos, e, o mais importante, falando a linguagem dele, da pesquisa dele e de como poderia contribuir para uma colaboração em conjunto. Resultado: o professor de Coimbra me respondeu. Que felicidade! Consegui cumprir meu requisito mais difícil, e é lógico que não foi só isso, né... tinha toda a papelada de embaixada, visto, seguro viagem, dispensa do trabalho, casa, família, escola de filho, vender o carro, ufa!!! Parece insano, né? Mas foi uma das experiências mais incríveis da minha vida.

Sonhe, acredite, planeje e corra atrás, sem esquecer de curtir a Jornada!

44. Parceria

Ieda Sales

Tudo começou no início de 2020. Atuando como voluntária do PMI São Paulo, recebi um pedido de um respeitado parceiro, Sérgio da Brasport, indicando um palestrante ótimo e que eu não podia perder de vista.

Foi assim que conheci o Antonio Muniz, convidando-o para participar do seminário PMO Experience como palestrante.

Conversei com ele para conhecê-lo e ter mais informações, e difícil saber quem era o mais empolgado... conversamos muito e muitas ideias convergindo, até que o Muniz me convidou para participar da Jornada Colaborativa e que eu poderia participar como coautora do livro "Jornada RH Ágil". O Muniz, pessoa incrível, personalidade cativante e apaixonado pelo que faz, me conquistou.

E assim também fizemos a parceria do PMI São Paulo com a Jornada Colaborativa, cujo objetivo é potencializar a colaboração e a divulgação e disseminar conhecimentos entre as instituições.

Sempre gostei de escrever, mas ainda não havia me aventurado, e assim aceitei o desafio. Na sequência, escrevi um capítulo do futuro livro sobre inclusão. E hoje sou coautora e curadora do futuro livro sobre conhecimento.

Vou voltar um pouco no tempo para explicar uma característica que tenho hoje – sou falante e comunicativa, nem sempre foi assim...

Até o colégio eu era aquela japonesinha tímida e nerd, nerd mesmo: estudo, mangá e física. Foi quando entrei na faculdade e começar a trabalhar que vi que eu tinha que me comunicar melhor com as pessoas, precisava me relacionar, as coisas passam por mim e eu queria fazer mais, mostrar que eu podia fazer mais.

Foi fácil? Lógico que não! Quem é tímido sabe que é um grande desafio mudar essa caraterística.

Mas o que isso tem a ver com parceria? Tudo, pois a comunicação é a base da parceria!

Bem, na minha trajetória, fiz um curso de Instrutor de Treinamento, pois tinha sido incumbida a ensinar Windows, quando começávamos a sair do DOS, em meados de 1992. Foi um dos cursos na época que mais mexeu comigo, pois suas falas e apresentações eram gravadas para avaliação e melhorias, fora as dicas de postura e assertividade. Hoje há cursos similares de como se comunicar e se apresentar.

Foi a solução? Não, mas um grande início de uma caminhada. E não basta fazer um curso, precisa **praticá-lo**. Eram muitas informações dicas e técnicas aprendidas a serem desenvolvidas.

No decorrer do tempo fiz outros cursos: negociação, gestão de conflitos, *mentoring* etc.

Assim, comecei a me comunicar mais e melhor e agora tinha que melhorar o que as pessoas chamavam de "networking" – como fazer isso?

Comecei a pesquisar e ler a respeito – e pasme, é comunicação! E mais, você precisa lembrar as pessoas que você ainda existe! Durante a vida, as pessoas passam por muitas coisas, empresas, escolas, cursos, e, por melhores que sejam, se não forem lembradas ou não aparecerem de vez em quando para dar um "oi", passam...

Hoje atuo como Diretora de Parceria e Patrocínios do PMI Capítulo São Paulo e na organização de *meetups* no Itaú, além de trabalhar como *Team Lead* no Itaú. Acredito que minhas experiências me ajudaram a chegar aonde estou e fazer o que faço. Tenho muito a aprender, mas acredito que tive boa evolução☺.

A Jornada tem um trabalho lindo: juntar pessoas boas e ótimos profissionais que querem contribuir com seus conhecimentos para gerar valor para quem precisa e ainda ajudar instituições carentes com os *royalties* da venda dos livros.

Tenho como objetivo na vida fazer a diferença, por isso quando vejo um movimento que esteja alinhado ao que acredito, procuro ajudar. A Jornada é um movimento onde busco estar presente por acreditar.

Tudo fica mais fácil na vida quando você faz parcerias, todos se ajudam e as coisas fluem.

A parceria tem uma lógica simples: pessoas se unirem para um objetivo comum, e a Jornada é uma grande parceria! No seu ambiente de trabalho você precisa de parceria para sua atividade e seus projetos evoluírem.

Então, fazer parceria é fácil? Para algumas pessoas que têm uma característica nata e sensibilidade de capturar as necessidades e expectativas da outra pessoa, sim.

Mas se você não tem, existem técnicas que podem ajudar, mas aplique e pratique! Saber ouvir é a base, precisa ser humilde e perguntar, e a sinceridade abre o canal de comunicação.

Em uma parceria, lembre-se de que as contrapartidas devem ser equilibradas para ser uma parceria de sucesso. Todos devem estar felizes, satisfeitos e ganhando na parceria – é o que se chama na negociação de técnica do ganha-ganha, onde todos saem ganhando. Caso contrário, com o tempo a parceria desgasta e se torna prejudicial para uma das partes.

Através da Jornada Colaborativa, tive a oportunidade de abrir o leque de amigos, fazer um rico *networking*, além de parcerias de valor que pretendo preservar, pois vão enriquecer minha vida e ajudar muitas pessoas!

E não posso deixar de agradecer à minha família pela paciência e compreensão! Amo muito vocês!!!

Parceria. Onde cresce um, crescem dois. – Swami Raddhi Jyotirmay

45. Sagacidade

Milena Andrade

Sagacidade é um substantivo feminino. Qualidade ou virtude de sagaz; aptidão para compreender ou aprender por simples indícios. Capacidade para depreender, aprender ou interpretar algo através de indicações simples; perspicácia; facilidade para entender ou aprender alguma coisa.

Para começar, registro quão honrada me sinto por estar neste livro e ter recebido de presente o tema "sagacidade" como uma característica pessoal. Em pouco mais de 30 anos de vida profissional passei por algumas empresas de diferentes segmentos e, na primeira metade desta jornada, atuei mais fortemente na área de marketing (após um MBA na ESPM) na indústria de alimentos, ingredientes e bebidas. A migração para a área de TI por si só foi um grande desafio. Quando a oportunidade surgiu em 2003, me perguntei algumas vezes se seria capaz de entender esse novo mundo que estava se abrindo. Uma terminologia que eu desconhecia, um mercado diferente com ciclos de venda longos se comparados a produtos de consumo e nenhum *background* em tecnologia da informação.

Pensei nos empregos anteriores, e como também tive uma passagem de dois anos em uma empresa de consultoria na área comercial pouco depois que me formei em Administração de Empresas (FAAP), achei que poderia juntar essa miscelânea toda e fazer algo produtivo. A consultoria traz essa vantagem: poder navegar em universos diferentes, aprender segmentos e negócios distintos e, principalmente, falar a linguagem de negócios. Não foi fácil, mas, com o passar do tempo, entendi que nenhuma experiência anterior é inútil, que todas as experiências vividas de alguma forma somaram e fizeram de mim o que sou hoje.

Assumi a responsabilidade de fazer toda a gestão da operação do EXIN no Brasil em 2009 e vislumbrei um mundo de oportunidades. Um extenso portfólio internacional ainda pouco explorado no Brasil e, por aqui, um mercado latente por bons produtos e muitos potenciais parceiros para trazermos a bordo. Posso dizer que o famoso café da Starbucks que o Antonio Muniz menciona foi um dos exemplos de "sagacidade" e que, após o convite para escrever sobre este tópico, me fizeram pensar o quanto essa característica está presente em minha vida profissional e pessoal também.

Refletindo sobre o tema, percebo como é fundamental para um profissional aprender a ouvir, refletir e então conectar ideias, pensamentos e pessoas. Não dá para saber tudo, mas podemos conhecer os que sabem. Não dá para fazer tudo sozinho(a), mas podemos conectar pessoas que, juntas, podem fazer a diferença. E não há como entender esse mecanismo se não desenvolvermos a capacidade de ouvir de verdade, com atenção, muitas vezes "lendo" nas entrelinhas. E quando não está muito claro, rapidamente colocar em prática a verificação dos fatos e informações antes de sair falando qualquer coisa. A empatia também faz parte desse processo, para que não se confunda a sagacidade com o puro oportunismo.

Assim foi nossa primeira conversa sobre um livro que estava na reta final de desenvolvimento. Conectar o Muniz ao Sérgio da Brasport, conectar o tema central de um *expert* no assunto (meu amigo Muniz) com um produto novo que estávamos trazendo ao Brasil (EXIN *DevOps Professional*) e iniciar a parceria do credenciamento junto ao EXIN foi apenas uma consequência de um bom mapeamento situacional. Bom para mim? Não. Bom para todos. Assim funciona melhor. Parece clichê, mas muitas pessoas ainda não entenderam como é importante manter relações de ganha-ganha. Cada vez mais pensar no coletivo, em negócios que tragam bons frutos para todos os envolvidos, em parcerias onde todos estejam satisfeitos, é o que vai garantir as relações duradouras e verdadeiras e com alto grau de confiança.

E é com grande alegria que vejo o projeto Jornada, que começou com o primeiro livro "Jornada DevOps" naquele café no centro do Rio de Janeiro, frutificar dessa forma. Uma coleção completa cobrindo diversos temas, envolvendo tantas pessoas e dando a oportunidade de novas vozes contarem suas histórias e experiências.

Nessa mesma toada, há poucos dias estive em um evento de inauguração de um cliente. Um grupo muito pequeno (ainda estamos em pandemia) para celebrar a nova estrutura e o crescimento da empresa, mas estavam ali algumas pessoas consideradas fundamentais nesse processo. E eu estava lá como convidada especial. Fui surpreendida por uma menção honrosa no discurso dos anfitriões, cujas palavras me fizeram lembrar do café na Starbucks com o Muniz.

Por que eu estava ali? Porque há cerca de 10 anos estreitamos o relacionamento e mapeamos juntos algumas oportunidades, porque apoiamos um ao outro, porque tivemos momentos difíceis onde parecia ser mais fácil desistir. Mas acreditamos, seguimos em frente, entendemos claramente os sinais (ah, os sinais que sempre estão pairando no ar, mas poucos percebem porque falta "sagacidade") e transformamos esses ingredientes em muito trabalho e dedicação para colher os frutos. E eles vieram.

São apenas alguns exemplos de uma grande lista que me veio à mente, mas tenho uma visão muita clara sobre várias situações em que a sagacidade me fez enxergar além do que estava à minha frente e rapidamente identificar onde e como trazer sugestões e soluções inteligentes, como juntar as pessoas certas para ajudar nos projetos, como ser de fato confiável. Talvez venha exercitando isso há muito tempo e nem perceba mais, talvez esteja incorporado no meu DNA. E se você estiver se perguntando se tem ou não sagacidade o suficiente, já é um bom começo... coloque a palavra no seu vocabulário, busque praticá-la no dia a dia, treine, melhore, acredite. Afinal, estamos todos em uma grande jornada e cabe a nós transformar o nosso caminho em algo mais produtivo e prazeroso.

46. Inovação

Gean Pereira

Faz parte da natureza humana a busca por experiências e a necessidade de pertencimento, de estar conectado com pessoas e de fazer parte de algo maior. Para alguns isso acontece de maneira mais intensa e para outros de maneira orgânica.

Nesse sentido, nem sempre o ambiente de trabalho, por melhor que seja, consegue proporcionar as diversas experiências que estamos buscando como profissionais. Infelizmente, as nossas expectativas, muitas vezes, não se encaixam dentro da linha de tempo que a organização está vivenciando. Portanto, cabe a nós sermos proativos e buscarmos algo além do cenário no qual estamos inseridos, vivenciando novas experiências que possam acelerar a nossa evolução, remando com maior velocidade em direção ao nosso objetivo.

Por natureza, sou uma pessoa inquieta, gosto de buscar novos conhecimentos, de vivenciar novas experiências, de estudar e principalmente de entregar algo inovador, algo que gere percepção de valor. Isso retroalimenta o meu estado de espírito e fortalece o meu ser, me tornando um melhor profissional e uma melhor pessoa.

Visando saciar um pouco esse meu lado inquieto, fui em busca de oportunidades externas à empresa. Iniciei assim em 2018 a minha jornada pelas comunidades. Ao vivenciar a primeira experiência de um *meetup*, me surpreendi: encontrei ali pessoas a fim de buscar novos conhecimentos, de compartilhar experiências, de fazer algo diferente e que impactasse positivamente outras pessoas. Hoje sou *founder* de duas comunidades em Joinville/SC, em conjunto com um grupo de amigos que conheci durante essa caminhada. Conduzimos juntos as comunidades do Agile Joinville e do ProductTank Joinville – e aproveito esse momento para deixar um agradecimento especial a Tiago Jensen, André Ganske e Morgana Ganske, que tiveram grande contribuição nessa minha caminhada. Nessa mesma jornada acabei conhecendo o Muniz e a Jornada Colaborativa!

Conexão, propósito e engajamento são pontos fortes da comunidade Jornada Colaborativa. É fácil se encantar com toda a estrutura da Jornada e as oportunidades que ela nos gera. Por meio da Jornada construímos uma família engajada, com um propósito forte e motivador, graças à excelente liderança do Muniz, que faz isso com maestria e de maneira genuína!

Sou grato pelas oportunidades que tive e estou tendo. Por meio da Jornada Colaborativa pude aprimorar uma série de competências e comportamentos que hoje contribuem demais para o meu dia a dia profissional e pessoal.

Tive a oportunidade de acompanhar boa parte do crescimento da Jornada Colaborativa, participando ativamente de reuniões de alinhamento, reuniões mais estratégicas, envolvendo-me cada vez mais na comunidade. Compartilho a seguir um resumo da minha participação:

- ✓ **Organizador do 5º Jornada Summit (presencial):** primeira ação como membro da Jornada Colaborativa, fiz parte do time responsável por organizar o evento, que teve aproximadamente 180 participantes. Fui responsável pela divulgação e busca de apoiadores e patrocinadores, bem como pela organização e pelo apoio durante o evento. Conseguimos realizar a doação de R$ 5 mil, contribuindo para a construção do hospital do câncer de Joinville.
- ✓ **Coorganizador do livro "Jornada Ágil de Liderança":** integrante da curadoria do livro em conjunto com o Victor, Junior, Muniz e Carol. Formamos um time fantástico, com muita sinergia e amizade. Por meio de muita troca de experiência e cocriação, inovamos na edição deste livro, trazendo vídeos de treinamento e entrevistas com especialistas de mercado, e todo o material é acessado via QRCode. Lançamos também por meio da colaboração o Manifesto da Liderança Ágil.
- ✓ **Organizador do *summit on-line*:** apoio na organização do evento e na estruturação do *media kit*, sendo o *head* de patrocínio e buscando doações por meio dos contatos com as empresas. Nesta edição conseguimos arrecadar R$ 100 mil em doações.
- ✓ **Coautor do livro "Jornada Ágil do Produto":** minha primeira contribuição oficial em um livro da Jornada Colaborativa. Ajudei a escrever dois capítulos, além de muita colaboração e prática do trabalho em equipe.
- ✓ **Jornada Learning:** apoio e estruturação do *media kit*, organização das trilhas de capacitação e apoio durante a trilha de liderança ágil.
- ✓ **Participante do JornadaCast:** convidado de um episódio do JornadaCast, falando sobre a liderança ágil e o Manifesto da Liderança Ágil.

- ✓ **Membro na estruturação da comunidade:** diversas reuniões com Muniz, Carol e Rodolpho a respeito da comunidade, com troca de experiências, onde pude contribuir com algumas ideias e inovações que colaboraram para o fortalecimento e o crescimento da comunidade.

A Jornada Colaborativa é um ambiente seguro, com propósito forte e pessoas engajadas, um ótimo cenário para cocriação e inovação, um verdadeiro ecossistema para troca de ideias, experiências, aprendizados e até mesmo frustrações, afinal elas fazem parte de qualquer cenário. Cabe a nós aprendermos e evoluirmos com elas.

Tenho orgulho e prazer de dizer que **faço parte** da Jornada Colaborativa e que juntos, como um verdadeiro time, estamos melhorando o mundo por meio dela!

Muniz, continue sendo essa pessoa maravilhosa que consegue de maneira genuína motivar pessoas a fazer o bem maior!

47. Amabilidade

Isabel Coutinho

Um belo dia, olhando o LinkedIn, vi que minha grande amiga Analia Irigoyen estava lançando um livro. Fiquei muito feliz por ela e achei o projeto incrível: tratava-se do livro "Jornada DevOps". Depois, ao falar sobre o assunto, ela começou a me explicar sobre a experiência de escrever de forma colaborativa e o frio na barriga que dava ao ver diversas pessoas escrevendo ao mesmo tempo em um arquivo compartilhado em nuvem. Nesse momento pensei: "taí, algo que nunca fiz e que seria bacana de fazer!".

Quem me conhece sabe que sou apaixonada por compartilhar conhecimento e fazer a diferença na vida das pessoas através de mentorias, dicas, palestras, cursos – e por que não também com livros? Foi assim que surgiu o convite para participar do livro "Jornada Ágil e Digital", tema que eu gosto demais. Lá fui eu escrever ao mesmo tempo com várias pessoas incríveis e o tão famoso frio na barriga.

A Jornada transforma a vida de quem participa, pois, uma vez que você colabora com algum livro, evento ou ação, você vai querer participar sempre. A troca de experiências e aprendizados é gigante e o clima entre as pessoas é tão bacana que viramos uma família. É muito difícil de ver alguém com ego, brigando para aparecer; é realmente um ajudando o outro em prol de um bem maior. Eu sempre quis participar de um trabalho voluntário, mas por conta da rotina corrida não conseguia, até que surgiu a Jornada, que permitia a minha participação mesmo na correria do dia a dia.

Logo depois surgiu o projeto do livro "Jornada Ágil do Produto", onde compartilhei experiências sobre *Design Sprint* e *Lean Inception* com pessoas incríveis. Revisa daqui, dali, ajusta uma imagem, posta e em algumas semanas o trabalho estava lindo e pronto para ajudar várias pessoas a evoluir seus conhecimentos sobre o tema.

Durante uma semana pesada de trabalho, recebo um áudio do Muniz me convidando para participar do time organizador e da curadoria do livro que falaria sobre um tema que venho estudando e trabalhando bastante, que é o RH Ágil. Meu coração se encheu de alegria e satisfação e prontamente eu aceitei o desafio. Por lá, além de apoiar com a parte da curadoria, eu falei sobre um tema que transformou minha vida há seis anos: *management* 3.0, o *mindset* que ajuda a tornar líderes, times e organizações melhores. Rapidamente, convidei alguns amigos de peso para participar e eis que todos ficaram encantados com o projeto e hoje são "jornadeiros" de carteirinha.

Acha que participar do time organizador foi o suficiente? Claro que não, a Jornada sempre estará viva em nossos pensamentos e atualmente me dedico ao livro sobre facilitação e tenho certeza de que não será o último. E que venham mais livros, mais eventos e mais vidas para transformarmos.

48. Superação

Monaliza Rosário

Eu faço parte da família Jornada Colaborativa!

A minha história na Brasport começou em 2008, após alguns meses que eu tinha chegado da Bahia. Eu morava em Ilhéus, tinha uma vida estável no aconchego da minha família, era independente financeiramente, tinha muitos amigos. Como todo jovem, estudava, era muito ativa, mas sempre tive o desejo de buscar novas oportunidades para crescer.

Com o convite de uma tia, vim passar férias no Rio de Janeiro e me apaixonei pela cidade. Como todo turista, conheci lugares lindos, fiz amizades e já me sentia parte do Rio. Sou uma pessoa de fácil adaptação, bem-humorada, honesta, simples, batalhadora, organizada e focada nos meus objetivos.

Minha tia observou que eu teria mais oportunidades no Rio e me convidou para ficar. A parte mais difícil foi ficar longe de meus pais, onde eu tinha apoio incondicional, amor e um porto seguro. Conversei com meus pais e eles me incentivaram na minha decisão.

Deixei de ser turista e passei a ser residente. Começando a minha história no Rio de Janeiro, estava focada em conseguir um emprego e ser independente, como eu era na minha cidade. Na época, a melhor opção era buscar empregos em jornais e assim o fiz, começando a maratona de enviar currículos, falar com amigos, agências de emprego... em poucas semanas, comecei a receber ligações de empresas solicitando minha presença para entrevistas. Porém, descobri, através do meu tio, que minha tia estava boicotando as ligações. Ela não queria que eu trabalhasse, pois dizia que o melhor para a minha carreira era me dedicar somente aos estudos e pensava que estava me protegendo. Depois dessa descoberta, mudei de tática: comprei um *chip* com o DDD do RJ, reenviei os currículos com meu novo número de telefone e também usei o telefone fixo do trabalho do meu tio. Algumas semanas depois, consegui o meu primeiro emprego.

Após alguns meses trabalhando, tive o prazer de conhecer o Sergio Martins de Oliveira, Editor, Diretor e proprietário da editora Brasport. Fui convidada a fazer uma entrevista. Pedi demissão do meu emprego e comecei a trabalhar na editora e foi um grande desafio, pois era uma área desconhecida. Não tive medo e aceitei. Abracei a Brasport, me senti muito feliz e vi uma chance para obter sucesso profissional. Atualmente, sou responsável pelo departamento comercial da editora e essa parceria já dura 13 anos.

Nesse ínterim, tive a oportunidade de conhecer o autor Antonio Muniz, um ser humano incrível, de um coração enorme e generoso. Lembro-me do lançamento da sua primeira obra, "Jornada DevOps", que foi o início de uma grande parceria. Desde então acompanho o crescimento da comunidade Jornada Colaborativa, que vai muito além de trocar experiências. Criam-se diversas oportunidades para pessoas que estão em busca de uma nova profissão, de aprimorar os conhecimentos, fazer amizades, além de ajudar o próximo. Todos os *royalties* de seus livros e eventos são revertidos para doações a entidades.

Fico encantada ao participar dos eventos, pois é um ambiente alto astral, com um público participativo e engajado, e no final vejo pessoas apaixonadas pela Jornada Colaborativa. Recebo e-mails diariamente de participantes fascinados com o trabalho liderado pelo Muniz e ansiosos para o próximo evento, mesmo que virtual, em função da pandemia.

Fiquei muito honrada e agradecida pelo convite do Muniz para participar desta obra, que engrandece a minha trajetória de vida e espero inspirar novas pessoas para também acreditarem no poder de superação em suas vidas.

Sinto que valeu muito a pena ter vindo para o Rio de Janeiro, ter conhecido o Muniz e fazer parte também da sua história e da família Jornada Colaborativa.

Que venham mais livros! Gratidão!

49. Alegria

Glauce Paiva

Precisamos de bons líderes para nos inspirar na nossa trajetória pessoal e profissional. Na minha família a minha mãe sempre mostrou o poder transformador da **alegria** para sermos pessoas felizes, e no meu primeiro emprego em uma empresa multinacional eu tive a oportunidade de conviver com uma gerente financeira totalmente diferenciada, pois ela transbordava **alegria** enquanto os outros profissionais eram mega estressados. O tempo passou e toda vez que um obstáculo chega (e eles sempre chegam), resolvo com meu sorriso e leveza e assim me ajudo e ajudo os que estão à minha volta. Essa marca pessoal positiva deixa marca também nas pessoas.

Conheci uma profissional incrível em uma empresa de tecnologia que estava envolvida com a Jornada Colaborativa e ela me convidou para ser coautora do livro "Jornada RH Ágil" e me apaixonei pelo projeto. Depois da participação no livro eu me dediquei a outros projetos importantes dentro da Jornada, os quais me deixaram muito feliz, pois tudo que fazemos é pelo outro. Como os iguais se atraem, eu fiz grandes amigos dentro da Jornada também. Quem faz o bem e quer o bem precisa estar dentro da Jornada, pois juntos podemos fazer muito.

Acredito que todos nós nascemos com um propósito para ser colocado em prática nessa vida. E já que estamos de passagem, precisamos desfrutar cada dia com alegria. Tenho algumas dicas infalíveis para conquistarmos esse estado interior:

1. Descubra sua alegria interna e assim você poderá soltá-la, revelá-la para o mundo e fazer a diferença na vida das pessoas – quem não gosta de estar ao lado de pessoas alegres?
2. Faça o design da sua vida, analise a sua vida em algumas áreas: saúde, lazer, amor, espiritualidade, trabalho e ações voluntárias.
3. Quando falo de saúde, eu penso no conjunto todo – saúde mental, saúde física e saúde emocional:

- **Exercício físico:** de preferência em contato com a natureza. Uma boa caminhada de manhã para pegar sol muda seu astral.
- **Meditação diária:** quando praticada constantemente, a meditação "educa" a mente a lidar melhor com as emoções, a ansiedade e como conviver melhor consigo mesmo. A meditação é uma técnica de *self-care* super eficaz, pois trabalha e melhora a saúde física e mental de quem pratica e aumenta a sensação de bem-estar.
- **Lazer:** é qualquer ação que lhe proporciona alegria. Importante estar em contato com pessoas que tenham os mesmos objetivos que você e assim fazer programas que preencham a sua alma, ou mesmo sozinho, lendo um bom livro, assistindo a um bom filme, estudando, trazendo algo novo para sua vida. Evite pessoas tóxicas e notícias ruins (escolha com cuidado tudo que entra na sua vida).
- **Amor:** ele é nossa essência, nascemos puros e precisamos permanecer assim, amando a gente em primeiro lugar para podermos compartilhar esse estado com outros. O amor faz o mundo girar e quando falta parece que o nosso mundo não está tão emocionante.
- **Crença:** acreditar que tudo é perfeito e existe uma força maior, mesmo que invisível, nos torna pessoas felizes. Mesmo com todos os obstáculos todo dia o sol nasce e a lua também.
- **Trabalho:** por trabalho eu quero dizer a nossa participação na grande aventura da humanidade no planeta. Fazer algo que a gente ame faz o trabalho ser uma diversão e com o nosso esforço nós mudamos a vida das pessoas.
- **Fazer o bem:** reserve um tempo da sua vida para um projeto voluntário. Isso traz uma paz interior maravilhosa.

50. Paixão

Ana Cláudia Rodrigues

Sou daquelas que não consegue se dedicar a algo sem que haja paixão. Isso mesmo, paixão!! Essa palavra traduz um sentimento intenso e profundo, marcado pelo grande interesse e atração da pessoa apaixonada por algo ou alguém.

É esse sentimento que a **Jornada Colaborativa** despertou em mim.

Depois do início da minha carreira ter sido dedicado à iniciativa privada, estou há 15 anos trabalhando em uma empresa estatal. Como todos sabem, existe uma "certa" estabilidade nesse tipo de companhia. Mas nunca me deixei envolver pelo *status quo*, estou sempre em busca de novos desafios e motivações, dentro ou fora da empresa.

Nessa busca, no segundo semestre de 2019 comecei a seguir o Luiz Claudio Mandarino Freire no LinkedIn, a única rede social que eu possuía à época. Fiquei interessada pela ferramenta, pois ali eu conseguia estar atualizada com tudo o que o mercado e a academia estavam trabalhando na minha principal área de interesse: o mundo da tecnologia e da inovação.

Apenas em 2020, em plena pandemia, em um dos *posts* do Mandarino, tive o meu primeiro contato com a Jornada. Como é meu costume, iniciei uma pesquisa profunda utilizando as conexões do próprio Mandarino, o site da Jornada e as dezenas de *posts* sobre as iniciativas da comunidade.

Foi assim que soube da existência do Muniz e alguns outros voluntários mais engajados na comunidade. No site, comecei a entender como funcionava cada uma das iniciativas da Jornada. Isso foi o suficiente para eu entender que o propósito da Jornada possuía a mesma essência do meu propósito de vida e meus valores. Deu *match*!

A primeira iniciativa de que participei foi a coautoria do futuro livro sobre *data driven*. Confesso que entrei como uma experimentação, no fundo não acreditava que poderia funcionar. Tantas pessoas diferentes escrevendo um mesmo livro? Parecia muito ousado. Apesar de ter visto os livros anteriores, quis entrar para sentir o dia a dia do processo.

Consegui vivenciar todos os depoimentos e elogios sobre a escrita colaborativa de um livro. É realmente fantástico! A colaboração e a inteligência coletiva potencializam sobremaneira a qualidade do trabalho. Nesse processo criado pelo Muniz você experimenta a agilidade na sua essência. Além de ter no time pessoas de altíssimo nível de conhecimento, extremamente qualificadas, são pessoas super generosas que me receberam, e que recebem todos os que chegam, de braços abertos.

No Jornada Summit, fiz a minha primeira palestra em um evento da comunidade. Em seguida, no dia das mulheres, palestrei sobre RPA. Foi quando o Muniz me deu a honra e a grande oportunidade de liderar a curadoria de outro futuro livro, o RPA e a hiperautomação. Tem sido uma mega experiência!

Costumo dizer que a Jornada Colaborativa é uma iniciativa ganha-ganha. O propósito é compartilhar conhecimento, transformá-lo em aprendizado e acima de tudo ajudar os necessitados.

Na Jornada o voluntário ganha uma rede de relacionamento *right level*, ganha muito conhecimento, ganha amigos maravilhosos e muito mais.

As empresas que ajudam com patrocínio ganham visibilidade, têm seus profissionais capacitados, têm o apoio de uma rede externa à empresa muito forte e *up to date* com o estado da arte em tecnologia.

Os mais necessitados ganham a ajuda necessária para melhorar sua qualidade de vida.

No final todos acabam se ajudando mutuamente. É o verdadeiro ganha-ganha!

Sou muito honrada de participar dessa comunidade de pessoas tão inteligentes e especiais. Foram muitas pessoas que me receberam de braços abertos, e esse é o espírito da Jornada: um movimento orgânico maravilhoso que transforma vidas e que transformou a minha vida!

51. Comunicação

Felipe Oliveira

O mais importante de uma jornada não é o seu destino, e sim o caminho que trilhamos. E, para mim, falar de processos, agilidade, gestão e eficiência nunca foi um destino. Desde o início da minha profissão, busquei me posicionar com um viés diferente, mais crítico e direcionado a propósitos diferentes, fazer as coisas de forma diferente, agir e pensar diferente das outras pessoas.

Na minha visão, para trabalhar com agilidade, seja como *Agile Coach*, *Scrum Master* ou quaisquer papéis que vemos por aí, a pessoa precisa aprender a aprender. Aprender e desconstruir suas percepções do mundo e construir uma nova a partir da anterior. Construir algo melhor, mais prático, mais resistente, mais adaptável às necessidades que o mundo traz. Há diversas competências relacionadas a esse tema que não abordarei aqui, mas uma das competências que me ajudou muito por esses anos todos com gestão de processos foi a curiosidade: a necessidade incessante de estar nos lugares, de saber, de conhecer e, principalmente, a coragem de levar meus pensamentos para além do vento. E foi isso que me colocou nessa jornada.

Durante anos da minha vida, desde a adolescência até o momento, sempre tive na cabeça o ímpeto de escrever. Escrevi poemas, contos, histórias incompletas e até mesmo intermináveis. Mas sempre escrevi com um propósito simples: lançar um livro. Escrever um livro e estar presente na voz das pessoas, tocar a vida delas e saber que o que escrevi agora vive dentro dessas pessoas. Esse era, e ainda é, um grande objetivo para mim.

Sabendo de todo esse contexto, pode ser que você, leitor ou leitora, esteja pensando: "por que você está falando tudo isso se o capítulo é sobre comunicação?". Mas tenha calma, chegarei lá.

Procurando aprimorar meus conhecimentos em *DevOps* – limitados, na época – e conhecer mais pessoas, procurei em um site algum tipo de curso ou evento que pudesse atender às minhas necessidades. Por sorte, encontrei um evento sobre *DevOps*: um dia inteiro de palestras e discussões, que incluía não só o custo do evento em si, mas também um livro e uma camiseta. Parecia interessante, então fui.

Ao chegar no evento, havia pessoas dos perfis mais diversos: tecnologia, design, teste de software, gestão de projetos, editorial. Uma pluralidade intrigante em torno de um livro. Ao entender um pouco sobre a iniciativa que circundava o evento, parei por um momento e pensei: "pessoas escrevendo livros". Era o que eu precisava, meu objetivo, minha conexão, minha história. Rapidamente quis participar e saber como influenciar na interação com as pessoas que ali estavam. Enquanto não consegui alguém para me colocar em grupos e onde mais fosse necessário, não parei de questionar. Insistente, eu sei. Apesar da minha insistência, persistência e provocações, acabei caindo num ponto de grande importância para minha evolução: a Jornada Colaborativa.

Apesar dessa história parecer algo conectando uma visão de propósito ou compromisso, um dos grandes fatores que me ajudaram a mergulhar nessa iniciativa não foi o propósito ou foco ou alguma outra coisa. Foi a maneira como me comuniquei. A maneira como me dispus a entender, a questionar e a perguntar. A curiosidade, a forma leve e descontraída de conquistar a atenção, sem apego ou pressão na voz e no olhar. Expus o brilho que um livro representava para mim, tanto nos olhos quanto na alma. Eu me permiti convencer as pessoas da importância, levei a elas meu jeito de ser, a leveza no pensamento, a firmeza no argumento. Com essa abordagem, abri uma porta.

No decorrer da carreira, existem alguns poucos momentos decisivos que podem moldar um futuro, seja ele promissor ou decadente. E, na minha experiência, as diversas situações em que estive à beira dessa situação, seja ela boa ou ruim, a comunicação foi uma competência decisiva. E entenda: tudo é comunicação. A forma como falamos, como ouvimos, a forma como expressamos uma ideia ou reagimos a ela. A maneira com a qual lidamos com um problema, seja ele simples ou complexo, a gestão de um projeto, um conteúdo novo para uma palestra. Tudo isso pode dar muito certo ou muito errado dependendo da forma como você se comunica com as pessoas.

Comunicação não é algo simples. Existem diversas variáveis, como tom de voz, a forma como olha e se movimenta, a forma como responde às pessoas e como se porta com elas. E saber gerenciar tudo isso também é difícil. Em qual situação preciso ser mais firme? Ou ser mais calmo? Qual piada ou comentário engraçado faz sentido para esse público e por quê? É preciso entender as situações e perceber que nós somos responsáveis pelo que falamos e, principalmente, pelo que as pessoas ouvem e entendem.

Ao lidar com times e projetos, deparei com situações em que comunicação era a chave para o sucesso. Surpreendentemente, na maioria das vezes, me saía bem. Criava amizades facilmente, conversava de forma descontraída com todos, gravava seus nomes e seus gostos. E assim me aproximava delas. No decorrer da minha interação com a Jornada Colaborativa, ficou evidente o quanto comunicação é um item crucial. Primeiro, porque todo o planejamento do livro é baseado em comunicação à distância. Segundo, esse tipo de interação requer um cuidado especial, já que estamos falando de mensagens de texto, áudios, etc. Mesmo assim, os times conseguem entregar livros simples e objetivos para ajudar as pessoas com novos conhecimentos.

Ao mesmo tempo em que comunicação, ousadia e curiosidade parecem ser uma fórmula simples para o sucesso, comunicação envolve os riscos que vemos no dia a dia. É a nossa capacidade de identificar problemas e direcionar as pessoas responsáveis. Claro que esse nível de comunicação – ou alerta – requer um certo equilíbrio, para não levar coisas demais para quem está preocupado com o macro. Porém, ao dominar esse tipo de contexto, conseguimos expressar, identificar e resolver os problemas facilmente. No decorrer da escrita dos capítulos dos quais fiz parte, por exemplo, saber me posicionar quanto a algumas dificuldades fez a diferença, tanto para resolver os problemas quanto para aprimorar a minha relação com a organização do livro.

Perceba que comunicação é uma habilidade essencial para o dia a dia, seja em um time, durante a escrita e organização de um livro e até na exposição de um objetivo pessoal. E um bom autocontrole e uma autogestão simples e direcionada podem ajudar você com as dificuldades do dia a dia.

Por fim, garanta que as pessoas estejam recebendo os sinais corretos. Seja através de uma simples conversa ou um processo mais estruturado, como uma entrevista ou palestra, tente observar como as pessoas se portam e se expressam. Em seguida, perceba o mesmo em você e se direcione para o comportamento esperado para a situação. Como dito anteriormente, comunicação é tudo. E, pelo que pude ver, me ajudou muito nas principais circunstâncias.

52. Empolgação

Roan Brasil Monteiro

A definição de empolgação no dicionário: substantivo feminino, ação ou efeito de empolgar ou empolgar-se. Excesso de animação, grande entusiasmo.

Em 2019, no QCON em São Paulo, eu conheci o lendário Rodrigo Moutinho, que até então trabalhava com o Bruno "JavaMan" Souza e estava em processo de ir viver em Montreal, no Canadá. O Bruno falava sobre carreira no evento e comecei a conversar com Rodrigo Moutinho através do Otávio Santana, que estava conversando comigo no evento, completamente rouco. Acabei pegando o contato do Rodrigo Moutinho e começamos a conversar sobre algumas coisas e marcando de nos encontrarmos no próximo evento, TDC São Paulo.

Nesse meio tempo, Rodrigo veio a São Paulo para o lançamento do seu livro, "Jornada DevOps", que escreveu com o Muniz. Eu não sabia direito do que se tratava, mas ele me deu uma cópia para sortear entre os meus funcionários. Achei bem legal e acabei dando a um funcionário que era *DevOps* na empresa onde eu trabalhava. Comecei a me interessar e vi que muitas outras iniciativas começaram a rodar. Rodrigo me explicou que o objetivo era escrever junto com outras pessoas, e todos os *royalties* seriam convertidos a entidades carentes que realmente precisam.

Cresci em um núcleo familiar onde meu pai, entre algumas viagens de caminhão por esse Brasil, sempre achava tempo de ajudar o próximo através de uma ONG chamada Rotary Club. Acabei aos 13 anos me engajando no Interact, aos 18 no Rotaract, e minha ida ao Rotary Club aos vinte e poucos anos. Em todo esse tempo de trabalho voluntário, conseguimos verbas para ajudar o GRAAC Bahia, escolas municipais no interior da Bahia, festas e eventos para pessoas carentes, e um último de uma grandeza enorme: capitalizar verba junto com um clube da Universidade Western Ontario para construir três casas para moradores do Quingoma, uma comunidade no interior da Bahia.

Posso dizer que o propósito de ajudar pessoas corre em minhas veias, é algo que faz parte de mim: fazer o bem sem olhar a quem. Depois disso, mudei para São Paulo e comecei a trabalhar muito. Fiquei uns oito anos afastados de trabalho voluntário, até que no MBA que fiz na FGV conheci um amigo que ia em hospitais em São Paulo vestido de palhaço e me convidou em 2017. Fui com ele e me senti super bem, vinha de uma depressão sinistra em 2014-2015 e havia esquecido que nossos problemas são tão pequenos perto do problema de outras pessoas. Então, voltando a 2019, fui acompanhando o Rodrigo Moutinho, que estava de mudança para Montreal, e eu acabei conseguindo um emprego também em Montreal, então acabamos tendo muita coisa em comum e nos tornamos grandes amigos.

Ao chegar em Montreal, uma pandemia gigante começou, alastrando-se por todo mundo, muitas pessoas perdendo empregos, empresas quebrando, principalmente no meu país, o Brasil. Então lembrei do livro e vi que como o meu conhecimento compartilhado poderia ajudar pessoas de formas diretas e indiretas. Foi aí que o Rodrigo me passou o contato do Muniz e fiz a sugestão de escrever o livro de microsserviços. Muniz na hora topou, me deu as diretrizes e começamos a falar com os amigos e interessados. Nesse momento eu estava como JUG *leader* do SouJava (por culpa do Otávio de novo e do Bruno Kaufmann), e muitos amigos da comunidade, como o próprio Otávio Santana, que me apresentou ao Rodrigo Moutinho na época, foi um dos que toparam. Então, acredito que minha empolgação vem um pouco da minha história de vida. Acho importante para um trabalho que gerará frutos e de tamanha importância não só para quem vai ler o livro. Estamos falando de um tripé de pilares que envolvem comunidade, trabalho voluntário e educação, algo completamente e 1000% alinhado com meus valores de vida. O trabalho que nasceu e vem crescendo com a Jornada é algo indescritível, pois me proporcionou conhecer pessoas fantásticas da comunidade, entre elas Bruno Kaufmann e Carol Vilas Boas. Apesar de nunca tê-los visto pessoalmente, se tornaram grandes amigos e confidentes. Afinal, somos meros entusiastas de um propósito comum, que depende de entusiasmo para fazer acontecer. Afinal, entusiasmo é sinônimo de empolgação e empolgação é o que nos move.

Sobre os Autores

Ana Claudia Rodrigues
Atualmente em Furnas, é *Head* de Transformação Digital. Além de atuar como mentora de negócios pela ABMEM (Associação Brasileira de Mentores de Negócio) e no InovAtiva Brasil, também é instrutora no BBI (*Business Behavior Institute*).
<https://www.linkedin.com/in/anac-rodrigues/>

Analia Irigoyen
Sócio-fundadora da ProMove Soluções (www.promovesolucoes.com), mestre em Engenharia de Sistemas e Computação pela UFRJ (2009). Apaixonada por melhoria contínua, aprendizado contínuo e por pessoas.
<https://www.linkedin.com/in/analiairigoyen/>

André Guilhon
Scrum Master, entusiasta e desenvolvedor Python. Apaixonado por tecnologia, pessoas, propósito, autoconhecimento e protagonismo. Ex-militar, amante de física quântica, vida extrafísica, animais e praticante de meditação.
<https://www.linkedin.com/in/guilhon/>

Antonio Muniz
Apaixonado por pessoas, agilidade, colaboração, comunidades, *DevOps*, empreendedorismo, inovação, *Lean*, liderança, *startups*, tecnologia, facilitação e palestras. Fundador da Jornada Colaborativa, *host* do JornadaCast, professor de MBA, mentor, escritor e produtor de videoaulas.
<https://www.linkedin.com/in/muniz-antonio1/>

Bárbara Cabral
Especialista em *Agile Testing* com mais de 17 anos de experiência em TI. Entusiasta do ágil, *DevOps* e automação de testes. Apaixonada por comunidades, organizadora, palestrante e mentora. Coautora, líder e organizadora da Jornada Colaborativa.
<https://www.linkedin.com/in/barbaracabral/>

Bruno Jardim
Formado em administração com pós em gestão de projetos e certificação PMP, PSM e PSPO. Vasta experiência em gerenciamento de projetos. Escritor, poeta, *podcaster*, músico e um inconformado por natureza que ama compartilhar conhecimento.
<https://www.linkedin.com/in/brunojardim/>

Carla Krieger
Apaixonada por pessoas e por aprender. Sempre pronta para explorar novas formas de trabalhar que estimulem um ambiente colaborativo, com diversidades, entregando valor e resultados de acordo com um propósito.
<https://www.linkedin.com/in/carla-krieger/>

Carlos Tristacci
Lidera desde 2015 programas de transformação digital e ágil em grandes empresas, como Banco Original, Santander, Lojas Renner e Globo. Acumula 16 anos de experiência em gestão e desenvolvimento ágil de software.

Carol Lucena
Especialista em engenharia de software, atua na área desde 2012. Atua como *Scrum Master* desde 2017, ama compartilhar conhecimento e ajudar as pessoas a se desenvolver e tenta tornar o mundo um lugar melhor!
<https://www.linkedin.com/in/carolina-lucena/>

Deborah Zavistanavicius Zapata
COO e CLO na Agile Think®, especialista em *Agile*, *Lean*, *Product* e *Business Design*. Mais de 28 anos de experiência em gestão de projetos de desenvolvimento em diversas indústrias. Atua na transformação de pessoas e organizações.
<https://www.linkedin.com/in/deborahzapata/>

Elaine Manhães
Profissional formada em Tec. em Processamento de Dados e em Sistema da Informação, possui mais de 22 anos de experiência profissional. Focada no gerenciamento e na liderança ágil e *waterfall* de projetos de desenvolvimento e implementação de sistemas de TI, bem como na gestão operacional de serviços de TI para terceiros, está constantemente em busca de novos aprendizados. Acredita que a interação e o trabalho colaborativo nos fazem crescer como pessoas e profissionalmente.

Felipe Oliveira
Agile Expert e fundador da empresa Mindset Ágil – Consultoria e Treinamentos, promovendo o uso de práticas ágeis e *Lean* para ajudar pessoas e empresas a encantar seus clientes enquanto fornecem produtos e experiências de sucesso.
<https://www.linkedin.com/in/felipeecoliveira>

Fernanda Belmont Reis
Assistente TI I (Cultura Ágil & *DevOps*) na SulAmérica, aprendendo mais a cada dia. Graduada em Letras Português/Inglês (ISAT – SG). Revisora, coautora e curadora na Jornada Colaborativa. Apaixonada por livros.
<https://www.linkedin.com/in/fernandabelmontreis/>

Fernando Mellone
Grande entusiasta da transformação digital, da cultura *DevOps* e de *cloud computing*. Além de pai, é engenheiro de computação e possui ampla experiência em cargos executivos em multinacionais na América Latina.
<https://www.linkedin.com/in/fgmellone/>

Flavia Carrilho
Professora e terapeuta em autoconhecimento cíclico e feminino através da ginecologia natural. Ajuda mulheres a viver em sincronia com seus ciclos menstruais e trazer leveza para suas vidas.
<https://www.linkedin.com/in/flavia-carrilho/>

Gean Pereira
Head de Inovação na FESC Tecnologia, empresa do grupo econômico da Unimed SC. Formado em Ciência da Computação e pós-graduado em Gestão de Projetos. Mais de 10 anos de experiência na área de desenvolvimento e gestão de produtos.
<https://www.linkedin.com/in/geanalexpereira/>

Glauce Paiva
Apaixonada por aprender e compartilhar conhecimento. Sólida experiência como *Head* de Pessoas em diversos segmentos do mercado como TI, projetos internacionais e óleo e gás. Coautora do livro "Jornada RH Ágil" e *Head* do Jornada Jobs.
<https://www.linkedin.com/in/glaucerego/>

Ibson Cabral da Costa Rego
É por natureza um facilitador e entusiasta da transformação ágil e digital. Atua ativamente no movimento ágil como um todo. Idealizou e materializou o *podcast* Pipoca Ágil. É Diretor de Comunicação e Marketing da IIBA.
<https://www.linkedin.com/in/ibson-cabral/>

Ieda Sales
Team Lead no Banco Itaú e Diretora do PMI São Paulo, OAB, PMP, *Management* 3.0, Pós em Gestão de Projetos. Atua em Gestão de Projetos e apoio no AIB. Coautora de vários livros a serem lançados pela Jornada Colaborativa.
<https://www.linkedin.com/in/ieda-sayuri-shoji-sales-47b8882/>

Isabel Coutinho
Agile Expert, 15 anos de experiência na área de TI. Nos últimos oito anos, focada em gestão, agilidade e liderança. Treinadora *Management* 3.0, apaixonada por desenvolvimento humano, motivação de pessoas e criação de times de alta performance.
<https://www.linkedin.com/in/ircoutinho/>

Joana Carrasco
Engenheira da computação, pós-graduada em Gestão de Projetos e Processos. Entusiasta *DevOps* e apaixonada por infraestrutura. O relacionamento interpessoal a encanta a cada dia. É uma eterna aprendiz com sorriso no rosto.
<http://linkedin.com/in/joanacarrasco>

Juliana Barros de Souza
Administradora que ama aprender, em especial temas relacionados com psicologia e comunicação. Atua como *Scrum Master* e nas horas vagas administra a empresa de mídias sociais, a Jaleco's Cida, e é voluntária da Jornada Colaborativa.
<https://www.linkedin.com/in/jubarrosdesouza/>

Juliano Granadeiro
Desde 2005 atuando em melhoria de processos, desenvolvimento de software, RH, treinamento e agilidade. Ajudou empresas de diversos segmentos em projetos de software, transformação digital, transformação ágil e certificação MPSBr e CMMI.
<https://www.linkedin.com/in/julianogranadeiro/>

Júnior Rodrigues
Diretor na Gespro, fundador do ConAgile, mentor do PMI Rio e *startups*, professor da PUC-MG, facilitador, mais de 16 anos em consultorias e gestão nacional e internacionalmente. Mestre em Administração pela PUC-RJ e com certificações em projetos e *agile*.
<https://www.linkedin.com/in/rodriguesjunior>

Karine Cordeiro
Líder de comunidades, palestrante e coordenadora do TDC e desenvolvedora apaixonada por gente. Dedica-se a promover ações que fortaleçam a presença de mulheres na tecnologia.
<https://www.linkedin.com/in/karinepfcordeiro>

Luiz Labriola
Mestre em Engenharia de Produção. Gerente de projetos na Icatu atuando em projetos com foco em negócio com times multidisciplinares. Possui 10 anos de experiência em projetos atuando como GP e PMO com metodologias ágeis, preditivas e híbridas.
<https://www.linkedin.com/in/luizeduardolabriola/>

Luiz Mandarino
Eng. Quím. (UFRJ), MBA em Mkt. e MSc em Adm. no IBMEC/RJ. 25 anos na área B2B (Inovação e Mkt.), Sócio Dir. da Open Source Consultoria e da Sai do Papel, e *Head* do Energy Hub. Mentor e Dir. de RI na ABMEN, *Board Member* no MIT REAP RJ e investidor anjo.
<http://linkedin.com/in/luizmandarino>

Marcelle Cury
Mestranda em Informática e gestão pelo ISCTE em Portugal, com ampla experiência em tecnologias aplicadas a educação e desenvolvimento de pessoas. Entusiasta da agilidade, cultura, *DevOps* e gestão híbrida de projetos. Apaixonada pela palavra escrita, música e poesia. Carioca da gema, adora bossa nova, samba de partido alto, caipirinha e feijoada.
<marcelle.cury@gmail.com>
<https://www.linkedin.com/in/marcelle-cury/>

Marcos Rodrigues
Value Stream Manager na escala da filosofia *Lean*, sendo agente de transformação, desbloqueando negócios, tecnologia e, acima de tudo, o potencial das pessoas ao transformar e humanizar o ambiente corporativo.
<https://www.linkedin.com/in/marcos-estrategiaempresarial/>

Milena Andrade
Formada em Administração de Empresas pela FAAP, MBA em Marketing pela ESPM, gerencia a operação do EXIN Brasil desde 2009 com foco no desenvolvimento do mercado e da rede de parceiros de treinamento e lançamento de produtos. https://www.linkedin.com/in/milena-andrade-861328/

Monaliza Rosario
Há treze anos atuando no mercado editorial como coordenadora comercial na Editora Brasport. Colaboradora na Jornada Colaborativa.

Paulo Boccaletti
Resolvedor de problemas na Ambev Tech e coordenador nos eventos: Jornada Summit, The Developers Conference e Cloud Conference Day. Ajuda profissionais a evoluir suas carreiras. Utiliza gestão ágil na obtenção de times de alta performance.
<https://www.linkedin.com/in/paulo-boccaletti/>

Raphael Boldrini
Empreendedor e consultor de TI. Apaixonado por tecnologia, inovação, empreendedorismo, *startups* e todo o seu ecossistema. Graduado em TI, pós em Administração da Qualidade e Extensão em Engenharia e Gestão de Processos de Negócios.
<https://br.linkedin.com/in/raphaelboldrini>

Renata Carvalho
Brasileira, casada, mãe do Bernardo, psicóloga pela UFRJ, MBA em Adm. pela FGV/RJ e Mestre pelo IAG/PUC-Rio. Apaixonada pelo tema "pessoas", atua há mais 15 anos em projetos de DHO. Atua com processos de T&D, C&S, Desempenho e Clima. www.linkedin.com/in/renata-carvalho-01880414

Renato Fontes
Especialista em TI na Oi, líder do time de Operações Digitais responsável pela implantação e sustentação de soluções que atendem aos projetos da empresa. Coautor do livro "Jornada DevOps", atua também como professor dos cursos de pós-graduação do IGTI.
https://www.linkedin.com/in/renatofontes/

Roan Brasil Monteiro
De Cachoeiro de Itapemirim/ES, bacharel em Sistemas de Informação na UNIME, especialista em Engenharia de Software e MBA em Gestão em Tecnologia da Informação. Mora há pouco mais de um ano no Canadá, trabalhando pela Astek.
<https://www.linkedin.com/in/roanbrasil/>

Rodrigo Costa dos Santos
Pós-Doutor e Doutor em Engenharia da Computação, Mestre em Administração, com mais de 20 anos de experiência em Segurança da Informação. Instrutor oficial do curso de certificação DPO Exin pela Adapt Now.
<https://www.linkedin.com/in/rcostasantos/>

Rodrigo Moutinho
Desenvolvedor e entusiasta *DevOps*, dedica sua carreira a ajudar desenvolvedores a automatizar a entrega do projeto sem precisar perder fins de semana ou depender de uma única pessoa no time (o herói do time). Dicas em cyborgdeveloper.tech.
<https://www.linkedin.com/in/rcmoutinho/>

Sandro Giacomozzi
Desenvolvedor Java desde 2004, já atuou em diversas áreas de negócio, tais como saúde, *business intelligence* e plataformas em nuvem. Formado em Tecnologia da Informação e pós-graduado em Engenharia de Software com mais de 20 anos na área de TI, agora se dedica a compartilhar o conhecimento, ajudando os desenvolvedores Java que trabalham em aplicativos corporativos a se tornarem especialistas em Java e *DevOps*, praticando as habilidades certas. Procura sempre participar de trabalhos voluntários, tais como palestras em eventos de tecnologia, *meetups* e ensinando programação para crianças.
Contatos: <sandrogiacom@gmail.com> e <https://www.linkedin.com/in/sandrogiacomozzi/>

Tatiana Escovedo
Cientista de Dados, Engenheira de Software e agilista apaixonada por ensinar e aprender. Doutora em Inteligência Artificial, Mestre em Engenharia de Software, Bacharel em Informática, Professora da PUC-Rio e Analista de Sistemas da Petrobras.
<https://www.linkedin.com/in/tatiana-escovedo/>

Tiago Jensen
Apaixonado por produtos digitais, agilidade e compartilhar conhecimento. Possui mais de 13 anos de experiência trabalhando em empresas de software. Nos últimos cinco anos tem se dedicado à gestão de equipes de alta performance.
<https://www.linkedin.com/in/tiagojensen/>

Vanesa Bustamante
Empreendedora e intraempreendedora em TI há mais de 20 anos com foco em liderança. É gente apaixonada por gente e procura fazer a diferença na vida das pessoas trazendo ferramentas que auxiliem no seu desenvolvimento pessoal e profissional.
<https://www.linkedin.com/in/vanesakarenobustamante/>

Victor Gonçalves
Executivo de Inovação e Agilidade, criador o Agile Hacking, especializado em *Design Thinking* pelo MIT, professor da FGV e Belas Artes, curador e coautor na Jornada Colaborativa, *podcaster* no Inovação Sem Romance e *Head* de Inovação e Agilidade da Verity.
<https://www.linkedin.com/in/victorgoncalves-/>

Wagner Drumond
Consultor de Eventos *on-line*, Diretor da W Drumond Treinamentos, coprodutor da ConAGILE (Cong. Nac. de Agilidade), ConaGP (Cong. Nac. de Ger. de Projetos) e Projeto Potencializada Mente. Engenheiro de Produção e Administrador.
<https://www.linkedin.com/in/wagnerdrumond/>

Acompanhe a BRASPORT nas redes sociais e receba regularmente informações sobre atualizações, promoções e lançamentos.

@Brasport

/brasporteditora

/editorabrasport

/editoraBrasport

Sua sugestão será bem-vinda!

Envie uma mensagem para **marketing@brasport.com.br** informando se deseja receber nossas newsletters através do seu e-mail.

BRASPORT

+ de 200
Títulos
BRASPORT
e-Book
50% mais barato que o livro impresso.
Confira
nosso
catálogo!
À venda nos sites das melhores livrarias.